진정한 나의 일을 찾아서

본문에 삽입된 사례 중 몇 가지는 일본과 한국의 문화가 달라서
이질감을 느낄 수 있습니다. 원문 그대로 번역했으니
이를 감안해서 읽어주시길 바랍니다.

HONTOU NO SHIGOTO by Hidetake Enomoto
Copyright © 2014 Hidetake Enomoto
All rights reserved.

Original Japanese edition published by JMA Management Center Inc.
Korean translation copyright © 2022 by Dodreamedia.co.kr
This Korean edition published by arrangement with JMA Management Center Inc. Tokyo,
through HonnoKizuna, Inc., Tokyo, and Korea Copyright Center Inc., Seoul

이 책은 (주)한국저작권센터(KCC)를 통한 저작권자와의 독점계약으로 ㈜두드림미디어에서 출간되었습니다.
저작권법에 의해 한국 내에서 보호를 받는 저작물이므로 무단전재와 복제를 금합니다.

진정한
나의 일을
찾아서
LIFE & WORK

에노모토 히데타케(榎本英剛) 지음
정영희 옮김
이태성 감수

저에게 삶과 사는 의미를 가르쳐 주신
아버지 케이이치(敬一)와 어머니 마사코(和子)께
이 책을 바칩니다.

매일경제신문사

들어가며

일은 많은 사람들의 인생에서 큰 비중을 차지하고 있지만, 그것이 도대체 무엇인지 깊게 파고들어 생각할 기회는 많지 않습니다.

물론 '현재 자신이 하는 일을 어떻게 하면 잘 해낼 수 있을지', '장래에 어떤 일을 하고 싶은지' 등의 일을 생각하는 경우는 있겠지요. 하지만, 애당초 '일이란 무엇인가'에 대한 생각을 할 기회는 많지 않습니다.

이 책은 하루하루 일과 생활에 쫓겨 이 중요하고 근본적인 문제에 대해 생각하고 싶어도 그럴 여유가 없는 사람들이 문득 멈추어 서서, 자신과 일의 관계에 대해서 다시 생각해볼 기회가 되었으면 좋겠다는 생각에서 쓰게 되었습니다.

저는 마음 깊은 곳에서부터 끓어오르는 진정한 일의 기쁨을 한 명이라도 더 느끼길 바라는 마음으로 '천직창조 세미나'라는 독특한 이름의 참가 체험형 프로그램을 오랫동안 진행해왔습니다. 이 프로그램을 통해 지금까지 총 1,000명 이상의 분들을 접하면서 알게 된 것은 '더욱 활력 있게 일을 하기 위해서는 어떻게 해야 할까' 고민하면서 잘못된 곳을 찾아 헤매다가, 아직 그 해답을 찾지 못하는 사람들이 너무나 많다는 것입니다.

대부분의 사람들은 활력 있게 일을 하기 위한 열쇠가 '어떤 일을 하는가', '그 일을 어떻게 하는가' 등 일의 '눈에 보이는' 부분에 있다고 생각합니다. 하지만 유감스럽게도 해답은 그곳에 없습니다. 활력 있게 일을 하기 위한 진정한 열쇠는, 사실 '눈에 보이지 않는' 부분, 즉 '일을 어떻게 받아들일 것인가', '왜 일을 하는가'에 있기 때문입니다.

어쩌면, 때마침 자신에게 딱 맞는 일을 찾아내어 한동안은 활력 있게 일을 할 수 있을지도 모릅니다. 하지만 일을 '눈에 보이는' 부분만으로 생각하는 한, 경제 환경의 변화와 소속되어 있는 조직 체제의 변경, 또는 인사이동과 같은 각종 외부 요인으로 인해 그 일을 너무나 간단히 빼앗겨버릴 수도 있습니다.

반면, 일의 '눈에 보이지 않는' 부분을 제대로 파악하고 '일을 어떻게 받아들일 것인가', '왜 일을 하는가'에 대해 자기 나름대로 해답을 찾은 사람은 어떠한 외부 환경의 변화가 있더라도 그렇게 쉽게 농락당하지 않습니다. 즉, 이것은 활력 있게 일을 하기 위한 열쇠일 뿐만 아니라, 역경 속에서도 쓰러지지 않고(변화에 강하고) 지속 가능한 삶의 방식을 취하기 위한 열쇠이기도 한 것입니다.

제가 이것을 깨닫게 된 것은 '인간이 활력 있게 일을 하려면 어떻게 해야 하는가'에 대해서 연구했던 30대 초반이었습니다. 어렸을 때부터 '일'이라는 것에 남달리 관심이 있었던 저는 2년 반 동안의 미국 유학 생활 동안, 철저하게 이 주제에 대해 파고들었습니다. 그렇게 탄생한 것이 바로 '천직창조 세미나'입니다. 이 프로그램에서는 일의 '눈에 보이지 않는' 부분에 먼저 초점을 맞추고 다양한 실습과 토론을 통해 일과 활력 있는 관계를 구축해나가기 위한 방안을 모색합니다.

그 다음, 일의 '눈에 보이는' 부분으로 눈을 돌리면 이미 일에 대한 생각 자체가 달라지기 때문에 많은 사람들은 일뿐만 아니라 인생의 선택지와 폭이 넓어진 것을 깨닫게 됩니다. 그 후에는 지금까지 생각해보지도 못했던 새로운 가능성이 보이는 것입니다.

하지만 단 한 번의 프로그램만으로 이런 기회를 접할 수 있는 사람은 겨우 20명 정도입니다. 그래서 저는 더 많은 사람들에게 이러한 가능성을 전하고 싶다는 마음에 마치 프로그램에 참가한 사람들에게 이야기하듯 이 책을 썼습니다.

이 책을 읽으시는 분들 모두 '천직창조 세미나(Create your Meaningful Work)'에서 실제 참가자들이 하는 체험을 조금이라도 경험하길 바라는 마음으로 각 카테고리마다 '해봅시다'라는 실습 코너를 삽입해서 가능한 한 실전적인 내용이 될 수 있도록 노력했습니다. 그저 책을 읽는 것에 그치는 것이 아니라 이 프로그램에 참가했다는 마음가짐으로 실습에도 적극적으로 임해주셨으면 합니다. 그러다 어쩌면 뜻하지 않게 '천직'이라고 부를 만한 일을 찾아낼 수 있을지도 모릅니다.

현재 우리 일을 둘러싼 환경은 갈수록 열악해지고 있습니다. 글로벌화 진행에 따른 경쟁의 심화, 불안정한 경제 환경, 인터넷을 중심으로 한 정보 혁명에 따른 효율화, 스피드화, 저출산의 고착화와 그에 따른 노동 인구 감소. 그리고 이 모든 요인에 영향을 받아 심화되는 실업률 상승과 정규직 고용 감소 등…. 이 같은 변화에 그저 농락당하고 그 파도에 휩쓸려가는 것이 아닌, 오히려 서퍼(surfer)처럼 변화의 파도를 자유롭게 타고 넘기 위해서라도 이 책을 통해 '애당초 일이란 무엇인가'에 대해 다시 한번 생각해보는 것은 절대로 헛된 경험이 되지 않을 것입니다.

'지금 하는 일을 이대로 계속해도 좋을 것인가?'
'장래에 어떤 일을 하고 싶은지 스스로 모르겠다.'
'하고 싶은 일은 있지만, 그것을 직업으로 삼는 것은 상상할 수 없나.'

일에 대해 사람들이 갖고 있는 의문과 불안은 각양각색입니다. 이 책이 모든 것의 해답이 되지는 못하겠지만, 약간의 도움이 될 수 있는 힌트는 분명 얻을 수 있을 것입니다. 아무쪼록 이 책이 지금까지 없었던, 당신의 새로운 가능성을 열어줄 계기가 되기를 마음 깊이 바랍니다.

제2장. 순수 의욕
- '하고 싶은 일'을 왜 직업으로 삼지 않는가

● ● ● ●

제3장. 천직창조
- 어떻게 하면 '하고 싶은 일'을 하면서 생계를 유지할 수 있을까

제4장. 공명을 위한 행동

- 자신만의 천직을 창조하려면 무엇을 먼저 시작할 것인가

'진정한 일'을
찾아서

아버지를 보면서 싹튼
'일'에 대한 의문

'일'이란 도대체 무엇인가?

저는 꽤 오랫동안 이 의문을 품고 있었습니다.

제가 태어나 처음으로 '일'이라는 것을 의식하기 시작한 것은 초등학교에도 들어갈까 말까 했을 무렵, 은행에서 근무하셨던 아버지의 모습을 통해서였습니다. 아침이 되면 매일 '양복'이라는 것을 입고 허둥지둥 나가서, 늦은 밤이 되면 나갈 때와 같은 차림새지만 왠지 모르게 핼쑥해진 얼굴로 돌아옵니다. 어쩌면 저는 이미 잠들어버려 아버지가 들어온 것조차 모르는 날이 더 많았을지도 모릅니다. 그때 당시 저는 아버지께서 온종일 어디에 나가서 무엇을 하는지 전혀 알 수 없었습니다.

아버지께 직접 일에 관해 물은 적도 있었습니다. 하지만 그럴 때면 대부분 언짢아하셨습니다. 때로는 "오늘 일 어땠어요?"라고 묻자마자 "시끄러워!" 하고 화를 버럭 내실 때도 있었습니다. 물론 평범하게 이야기를 나눈 적도 있었겠지만, 제 기억 속의 아버지는 항상 언짢은 표정을 짓고 계셨습니다. 그런 일이 반복되면서 저는 언젠가부터 아버지께 일에 관해 묻는 것을 피했습니다. 그리고 저에게 '일'은 마치 수수께끼처럼 좀처럼 정체를 알 수 없는 것이 되어갔습니다.

일에 관해 물을 때마다 아버지께서 왜 언짢아하시는 건지 저는 도저히 알 수가 없었습니다. 아버지를 잔뜩 기분 나쁘게 만드는 '일'이 도대체 무엇인지…. 애당초, 그렇게 싫은데 아버지는 왜 매일 일을 나가시는 건지…. 세상의 시스템에 대해 전혀 모를 정도로 어렸던 저는 이런 소박한 의문을 품을 수밖에 없었습니다.

'그렇게 싫으면 안 가면 될 텐데….'

한번은 어머니께 "왜 아버지는 매일 일을 가?" 하고 물었던 적이 있었습니다. 그러자 어머니는 "어른이 되면 다들 가는 거야"라고 하셨습니다. 그 말을 들었을 때, 저는 온몸의 털이 곤두설 정도로 소름이 놓았던 것을 지금도 확실히 기억합니다. 그도 그럴 것이 일을 마치고 돌아온 아버지는 항상 핼쑥한 얼굴을 하고 계셔서 '일이란 세계는 거기서 일하는 사람들의 에너지를 다 빨아먹는 무서운 곳이다'라는 인상을 가지고 있었기 때문입니다. 언젠가 나도 어른이 되면 그 무서운 곳에 매일 가야만 한다고 생각하니 절로 우울해졌습니다.

'일'에 대한 깊은 탐구를 위해
떠난 유학 길

그때 이후로 저에게 일은 더 이상 남의 이야기가 아니었습니다. 사회에 진출한다는 건 아직 먼 미래의 일이었지만, 책가방도 제대로 메지 못하던 어린 시절부터 일을 계속 의식했던 것입니다. 그러나 이러한 의식은 그다지 즐겁지 않았습니다. 앞에서 이야기한 것처럼 아버지를 통해 엿본 '일'이라는 세계는 저에게는 결코 매력적이지 않았기 때문입니다. 더 정확히 말하자면, 저는 일에 대해서 부정적인 이미지만 가지고 있었습니다.

물론 모든 일이 사람을 기분 나쁘게 하거나, 우울하게 하지는 않는다는 것은 알고 있었습니다. 실제로 사회에 나와 일을 해보니 생동감 있게 일하는 사람들이 많다는 것도 알았습니다. 그런 사람들은 어쩌면 저처럼 일에 대해 부정적인 이미지를 가진 적이 없을 수도 있습니다.

하지만 한 편으로는 저 같은 사람들이 많다는 것도 알고 있습니다. 왜냐하면 저의 경험을 사람들 앞에서 말했을 때, "나도 그랬어요" 하며 공감하시는 분들이 많기 때문입니다.

어찌 됐든 지금까지 인생을 살아오면서 '일이란 무엇인가'라는 의문을 단 한 번도 품어본 적이 없는 사람은 적지 않을까요? 적어도 이 책을 손에 든 사람이라면, 그런 의문을 어딘가에 품고 있을 것입니다. 그중에는 젊은 시절 그런 의문을 가진 적은 있지만, 세상에 나와 실제로 일을 하면서 '인제 와서 그런 생각을 해도 소용없다'라며 의문을 덮어버린 사람도 있을지 모릅니다.

제 경우에는 세상에 나와 일을 하게 된 후에도 계속 의문이 사라지지 않았습니다. 오히려 일의 세계를 직접 체험하면서 더욱더 의문이 깊어졌습니다. 그러다 결국 서른을 목전에 두고, 이 의문을 가진 채로 살 수는 없겠다는 결심에 다니던 '리크루트'라는 회사를 그만두고, 일의 세계에서 일단 떠나기로 한 것입니다.

그리고 저는 소금 떨어진 곳에서 일에 대해, 나아가 앞으로의 내 인생에 대해 차분히 생각해보기 위해 1994년 여름, 홀로 미국으로 건너갔습니다.

미국에서는 샌프란시스코에 있는 캘리포니아 대학원(California Institute of Integral Studies)이라는 이름의 작은 대학원에 들어갔습니다. 그곳은 인도 철학자가 설립한 대학원으로, 모든 일을 깊게 파고들어 생각하기에는 최적의 환경이었습니다.

　사비로 떠난 유학이었기에 생활 면에서는 상당한 제약이 있었지만, 정신적인 활동을 하기에는 더없이 안성맞춤인 환경이라 약 2년 반 동안 일에 대해 계속 품어왔던 의문을 철저하게 파헤칠 수 있었습니다.

　그로부터 벌써 20년 가까운 세월이 흘렀지만, 이 책은 대부분 유학 시절에 배우고 생각한 것들을 토대로 썼습니다. 또한 그저 생각하는 데 그치지 않고, 귀국 후부터 지금에 이르기까지 제 인생에서 생각한 것들을 실천해왔습니다. 오랜 시간에 걸친 실천을 통해 이제 확신이 된 그 생각이, 예전의 저처럼 의문을 마음에 품고 있는 사람들에게 작지만 도움이 되기를 바라는 마음에 이렇게 글로나마 소개하게 되었습니다.

'무언가 중요한 것을 한다'는 것도
과연 일이라고 할 수 있을까?

샌프란시스코에서 유학 생활을 시작한 지 얼마 지나지 않아, 저는 어떤 불가사의한 감정이 제 안에 움트고 있는 것을 깨달았습니다. 회사를 그만두고, 이제 이른바 일은 하지 않고 있음에도 불구하고 스스로 지금 '뭔가 중요한 것을 하고 있다'라는 생각이 든 것입니다.

회사를 그만둠과 동시에 저 자신이 마치 사회에서 낙오됐다고 여기던 저에게 이 감정은 의외였습니다. 일도 하지 않는데 무언가 중요한 일을 하고 있다고 느껴지는 건 왜일까. 그렇게 스스로에게 묻는 동안 저는 한 가지 사실을 깨달았습니다. 그건 바로 제가 일을 '무언가 중요한 것을 하는 것'이라 인식하고 있다는 것입니다.

어쩌면, 자신이 의식을 하고 있는지와는 상관없이 일에 대해 이렇게 인식하는 사람은 많지 않을까요? 그래서 일을 하지 않으면 '중요한 것을 아무것도 하지 않고 있어'라고 느끼는 것이겠죠.

이는 어디까지나 하나의 '견해'입니다. 일이라는 단어를 사전에서 찾아보아도 그런 정의는 나와 있지 않습니다. 언제부턴가 일은 그런 것이라고 제 마음대로 정의를 내렸을 뿐입니다. 하지만 이러한 생각은 강렬하고 확고합니다. 어찌 됐든 어린 시절부터 오랜 세월에 걸쳐 제 안에 새겨진 것이니까요.

그래서 저는 이것을 반대로 이용하기로 했습니다. 혹시 '무언가 중요한 것을 하는 것'이 일이고, 지금 '무언가 중요한 것을 하고 있다'라고 느꼈다면, 이 유학을 '일'이라고 받아들일 수도 있지 않을까 생각한 것입니다. 그러자 제 안에서 무언가 굉장한 힘이 끓어오르는 것을 느꼈습니다.

그렇다면 무엇이 일이고, 무엇이 일이 아닌지는 누가 정하는 걸까요? 다른 모두가 "그건 일이 아니야"라고 말해도 나 자신이 '아니, 이건 일이야'라고 진정으로 생각한다면 충분히 일이라고 말할 수 있지 않을까요.

다른 모두가 일이 아니라고 하는 것을 일로 받아들인다고 해서 민폐가 되지는 않습니다. 법적 처벌을 받지도 않습니다. 그렇다면 나에게 힘이 되는 방식으로 생각하는 게 낫지 않을까요?

인생을 지배하는
'일에 대한 관점'

일에 대한 관점은 '일이란 무엇인가'라는 의문을 추구해나가던 저에게 있어 굉장히 큰 깨달음이었습니다. 일을 생각하면서 어떻게 받아들이는가 하는 '관점'이 미치는 영향력의 크기를 체감할 수 있었기 때문입니다.

일반적으로 사람들은 일에 관해 이야기할 때 '어떤 일을 하는지'와 같은 일의 내용이나, '어떻게 일을 하는지'와 같은 일하는 방식을 말하는 경우가 대부분입니다.

물론 그러한 관점에서 생각하는 것은 중요하지만, 그 이전에 '일을 어떻게 받아들이는가'에 대해 생각할 필요가 있지는 않을까요? 적어도 저는 그렇게 생각합니다. 그러기 위해서는 우선 나와 주변 사람들이 실제로 일을 어떻게 생각하는지에 대한 탐색, 이른바 '일에 대한 관점

조사'부터 시작해야 합니다.

시험 삼아 당신 주변에 있는 10명의 사람에게 이런 질문을 해보세요.

"당신에게 일이란 무엇입니까?"

일반적으로 이렇게만 물어보면 추상적으로 대답하기 때문에, 저는 일을 무언가에 빗대어 대답하도록 요청하고 있습니다. 그러면 꽤 재미난 대답을 들을 수 있습니다.

예를 들면, 어떤 사람은 일을 '감옥'이라고 말합니다. 즉, 도망가고 싶어도 도망갈 수 없다는 말입니다. 또 다른 사람은 일을 '비료'라고 말합니다. 즉, 일이 자신을 성장시켜준다는 의미로 보고 있다는 것입니다.

대답을 듣다 보면, 사람마다 일에 대한 사고방식이 얼마나 다른지 알 수 있습니다. 일이라고 하면 모든 사람이 똑같이 받아들이리라 생각하는 사람이 많을 것 같지만, 그렇지 않습니다. 실로 일에 대한 다양한 가치관이 존재합니다. 이것은 딱히 일에만 국한된 것이 아니라, 아마도 세상에 존재하는 모든 단어에 대해 사람들은 제각각 다른 의미를 갖고 있을 것입니다. 왜냐하면 그 단어를 어떻게 접했고, 어떻게 사용해왔는지 사람마다 크게 다르기 때문입니다.

저의 경우, '일'이라는 단어에 항상 어렸을 적 아버지 모습을 비롯한 아버지와의 관계가 얽혀 있었고, 이는 일에 대한 관점을 형성하는

데 큰 영향을 주었습니다. 개인적인 경험들과 일이라는 단어가 가지는 의미가 제 안에서는 떼려야 뗄 수 없는 관계였던 것입니다. 마찬가지로 이 책을 읽으시는 분들 모두 독자적인 가치관이 존재할 것입니다.

일에 대한 관점이란, 하나의 이야기입니다. 이야기라고 하면 가볍게 들릴 수도 있지만, 그것은 '보이지 않는' 이야기이며, 그렇기에 눈치채지 못하는 사이에 한 사람의 인생을 지배하고, 좌우해버릴 정도로 강력한 힘을 지니고 있습니다. 그러나 다행히도 이야기는 곧 픽션이자 만들어진 것이므로 다시 쓸 수 있습니다.

단, 그러기 위해서는 우선 자신 안에 어떤 이야기가 흐르고 있는지 깨달아야만 합니다. 즉, '보이지 않는' 이야기를 '보이게' 해야 합니다. 이는 좀처럼 쉬운 일이 아닙니다. '거울 없이 자신의 모습을 보려고 하는 것'과 마찬가지이기 때문입니다.

'4개의 안경'을 통해
일을 본다

　이 책에서는 독자들에게 스스로 일에 대한 가치관을 다시 생각해
볼 수 있는 기회를 제공하고자, 현시대를 살아가고 있는 대부분의 사
람들이 많게 혹은 적게나마 공감하고 있을 법한 대표적인 4가지의 일
에 대한 가치관을 소개합니다.

　1. 일이란, '생계를 유지하기 위한 수단'이다.
　2. 일이란, '해야 하니까 하는' 것이다.
　3. 일이란, '기존 직업에 자신을 맞추는' 것이다.
　4. 일이란, '동시에 하나밖에 가질 수 없는' 것이다.

　물론, 이 4가지 가치관에 공감하지 않는 사람도 수없이 많을 것이
며, 반대로 이 4가지 이외에도 많은 사람들이 공감하고 있는 가치관도

있을 것입니다. 그럼에도 불구하고 제가 군이 이 4가지를 소개하는 이유는, 이것만큼 우리에게 '진정한 일'을 멀리하게 하고, 일을 시시하게 만들며, 우리의 가능성을 축소시키는 가치관은 없다고 생각하기 때문입니다.

혹시 지금 당신이 일에 대해 무언가 부정적인 이미지를 가지고 있거나, 일을 생각할 때 숨이 막히는 기분이 든다면, 그것은 당신이 이 4가지 가치관 중 적어도 하나를 공유하고 있다는 것을 의미합니다.

하지만 이것은 결코 나쁜 일이 아니며 부끄러운 일도 아닙니다. 중요한 것은 내 안에 이러한 일에 대한 가치관이 존재한다는 사실을 자각하는 것입니다. 자각은 변화하기 위한 첫걸음입니다. 무엇을 바꾸고 싶은지 정확하게 알지 못하면 바꿀 수도 없습니다.

이해하기 쉽도록 안경을 예로 들어보도록 하겠습니다. 어떤 견해는, 하나의 안경입니다. 따라서 일에 대한 가치관은 일에 관한 안경입니다. 안경은 얼마든지 바꿔 낄 수가 있습니다. 하지만 전에 자신이 썼던 안경이 어떤 안경이었는지 모른다면 바꿔 낄 수 없습니다. 바꿔 말해, 본인이 어떤 안경을 쓰고 있있는지 깨딛기민 하면 비교적 쉽게 다른 안경으로 바꿔 낄 수 있다는 것입니다.

저는 이 4가지 일에 대한 가치관을 '4개의 안경'이라고 부릅니다. 그리고 이 책에서는 이 4개의 안경에 하나씩 번호를 붙여, 그것들이 우리와 일의 관계에 어떠한 영향을 미치는지 알아보고자 합니다. 그와 동시에 이 4개의 안경과는 전혀 다른 안경을 제시하겠습니다.

나를 바꾼
'천직창조' 이야기

어쩌면 제가 제시하는 안경 이야기에 당혹스러워하거나 거부감을 느끼는 분도 있을 것입니다. 그래도 괜찮습니다. 오히려 이 책이 원하는 바입니다.

견해가 바뀔 때는 반드시 의식의 '동요'가 수반됩니다. 가장 두드러진 예를 들어보자면, 처음으로 외국에 갔다가 다른 풍속이나 습관을 접했을 때 많은 사람들이 경험하는 '컬처 쇼크'입니다. 컬처 쇼크에 빠진 사람은 익숙해지기까지 한동안 불편함을 느끼며 살지만, 그 시기를 잘 넘기고 나면 결국에는 자신의 사고방식이나 견해의 폭이 넓어진 것을 깨닫게 됩니다.

제가 이 책을 통해 바라는 바도 이와 같습니다. 결코 저의 일에 대한 가치관을 독자 여러분께 강요하는 것이 아닌, 지금까지와는 다른 안경을 제시함으로써 여러분의 의식이 동요되고, 나아가 일에 대한 견해와 사고방식의 폭이 넓어지기를 바랍니다.

그리고 일단 견해와 사고방식의 폭이 넓어지면, 그중에서 자신에게 맞는 것을 선택할 수 있게 되고, 결국에는 일에 대해 독자적인 가치관을 찾아낼 수 있을지도 모릅니다. 반드시 그렇게 되기를 희망합니다.

이를 실현하기 위해 이 책의 독자분들이 제가 제시하는 안경에 어떠한 이질감이나 거부감을 느끼더라도 우선은 써보시기를 꼭 부탁드리고 싶습니다. 그 후에 '다른 형태로 일을 받아들이면 내 안에 어떠한 변화가 일어날 것인가? 어떠한 가능성이 열릴 것인가?' 하고 스스로에게 질문해보시기를 바랍니다. 그래도 여전히 이질감과 거부감이 남아 있다면 원래 썼던 안경을 다시 쓰셔도 상관없습니다.

새로운 안경을 시험해보기 위해 지금까지 쓰고 있던 안경을 버릴 필요는 없습니다. 또한, 새로운 안경을 쓰기 위해 돈이 들거나 시간이 필요한 것도 아닙니다. 잃을 것은 아무것도 없습니다. 필요한 것은 '좋아, 한번 해보자' 하는 의지뿐입니다. 어쩌면 생각시도 못하게 새로운 안경이 딱 맞아서 제가 느꼈던 것처럼, 자신 안에서 커다란 힘이 솟아오르는 것을 느낄 수 있을지도 모릅니다.

이 책에 적힌 내용은 그저 제 이야기일 뿐입니다. '뻔하지만 뻔하지 않은' 이야기입니다. 자신의 안에 어떠한 이야기가 흐르고 있는지에 따라 그 인생은 그야말로 천국도 지옥도 됩니다. 제 머릿속의 이야기는 그 정도로 강력한 힘을 간직하고 있습니다. 어차피 이야기를 간직하고 살아야 한다면, 대부분의 사람들은 자신의 힘을 빼앗는 이야기보다 힘을 주는 이야기를 간직하고 살기를 바랄 것입니다.

저는 제 일에 관한 이야기에 '천직창조'라는 이름을 붙였습니다. 이미 눈치채신 바와 같이 성경에 나오는 천지창조를 본뜬 이름입니다. 제가 기독교 신자는 아니지만, 천지창조를 믿는 사람들의 인생에 그 이야기가 얼마나 큰 영향을 미치는지 알고 있습니다. 마찬가지로 천직창조라는 이야기는 제 인생에 굉장한 영향을 미쳤습니다. 이 이야기를 만나고, 실천하며 살기 시작한 순간부터 제 인생은 극적으로 바뀌었습니다. 이 이야기가 제 인생을 어떻게 바꾸었는지 이 책을 통해 조금씩 이야기해나가려고 합니다.

서론이 길어졌지만, 이제 그만 본론에 들어가 보고자 합니다. 준비되셨나요? 천직창조 이야기에 오신 것을 환영합니다!

제1장

삶의 목적

왜 '돈을 벌기 위해서'라는
핑계로 일하는가

물질의 시대와
정신의 시대

급하게 일에 관한 이야기로 들어가기에 앞서, 더 큰 범위의 이야기부터 시작하고자 합니다. 바로 '우리를 행복하게 하는 것은 무엇인가'에 대한 이야기입니다.

전쟁 후 차마 눈 뜨고 볼 수 없을 정도로 황폐했던 일본은 십수 년 사이에 경제 대국으로 불릴 만큼 풍요로운 나라가 되었습니다. 그리고 다름 아닌 우리 부모님 세대가, 세계를 놀라게 한 그 기적적인 부흥을 짊어지고 있었습니다. 그들의 노력을 지탱해온 것은 '유럽과 미국을 따라잡고 넘어서자'라는 전 국민적인 슬로건이었으며, 어쩌면 무의식 속에 패전으로 갈기갈기 찢긴 '일본인이라는 자긍심을 되찾고 싶다'는 생각도 조금은 있지 않았을까 하고 저는 생각합니다.

그와 동시에 '물질적인 풍요가 행복으로 가는 지름길'이라는 암묵적인 동의가 그들 사이에 있었던 것 같습니다. 그래서 많은 남자들(이 시절에는 아직 여성의 사회 진출이 제한되어 있었습니다)은, 그야말로 가정을 돌아보지 않고 '멸사봉공(滅私奉公)'으로 그저 열심히 일만 한 것입니다. 물론, 그들이 그렇게 단순하게만 생각하지는 않았을 것이며 그 배경에는 훨씬 복잡한 생각이 있었겠지요.

하지만 이 시대를 살아온 많은 분들의 의식 속에는 많건 적건 '물질적 풍요 = 행복'이라는 방정식이 깊게 새겨져 있지 않았을까요.

그렇지만 1990년대 초 버블 붕괴 이후 이 방정식에 대해 의심을 하는 사람들이 조금씩 생겨나기 시작했습니다. 우리 부모님 세대의 필사적인 노력 덕분에 일본은 세계에서 손꼽히는 경제 대국이 되었으니, 어떤 감사의 말로도 부족합니다. 그러나 그에 비례해서 '행복'한 사람들이 압도적으로 늘어났는가 하면, 아무래도 그렇지는 않은 것 같습니다.

오랜 불황이 계속되었다고는 해도 GDP(국내총생산)는 미국, 중국에 이어 세계 제3위이며, 경제 지표로 보는 한 일본은 여전히 세계에서 가장 풍요로운 나라 중 하나입니다. 이렇게나 풍요로워졌으니 거리낌 없이 '나는 행복하다'라고 말하는 사람이 더욱 많아져야 할 것 같은데, 실제로 그런 사람은 거의 만날 수가 없습니다. 오히려 대부분의 사람들은 어쩐지 항상 불만이 가득한 것처럼 보입니다.

실제로 국제연합(UN)이 2013년에 발표한 나라별 행복도에 관한 조사 결과를 보면, 일본은 조사 대상인 150개 이상의 국가 중 43위로, 선진국 중에서도 가장 행복도가 낮은 나라 중 하나입니다. 다른 나라 사람들 입장에서는 사치스러운 고민일 수 있겠지만, 슬프게도 이것이 바로 일본의 실정입니다.

그럼, 물질이 아닌 무엇이 우리를 행복하게 할까요? 저는 그것이 '정신'이며, '정신적인 풍요'가 아닐까 하고 생각합니다.

버블 붕괴를 기점으로 '자아 발견', '삶의 보람' 등 정신적인 풍요를 지향하는 말이 신문과 잡지 표제에 자주 쓰이며 눈에 띄게 되었고, 흔히 말하는 정신세계라고 불리는 분야의 서적은 당시만 해도 서점의 안쪽 구석진 곳에 조용히 놓여 있었지만, 지금은 많은 서점에서 전용 코너를 마련해 비교적 눈에 잘 띄는 곳에 놓여 있습니다. 더욱이 최근에는 아예 대놓고 '행복학'이라는 분야도 등장해 주목을 받고 있습니다.

이러한 경향은 비단 일본에만 국한된 것은 아닙니다. 전체적으로 미국을 비롯해 물질적인 풍요를 충분히 누리는, 이른바 '선진국'일수록 정신적인 풍요에 대한 사람들의 갈망이 강해진 듯한 인상을 받습니다.

제가 오랜 시간 코칭해온 '더욱 잘살 수 있도록 돕는 법' 역시 1990년대 초에 유럽과 미국에서 생겨난 후, 단숨에 일본을 포함한 선진 여러 국가로 퍼져나갔는데, 이것 역시 그 배경에는 그런 나라의 사람들이 정신적인 풍요를 강하게 원했기 때문이라고 생각합니다.

그렇게 보면 새로운 천년에 돌입하는 바로 그 시점부터 선진국들을 중심으로 '무엇이 우리를 행복하게 하는가'에 대한 사고방식이 급속히 변했다고 할 수 있을 것 같습니다. 그리고 이 변화는 우리 인생의 여러 방면에 영향을 미칩니다. 이 책에서는 그 변화가 우리와 일의 관계에 어떠한 영향을 주는지, 또는 줄 수 있는지에 대해 깊이 살펴보려고 합니다.

그러기 위해 이 책에서는 물질적인 풍요를 중시했던 버블 붕괴 이전의 시대를 편의상 '물질의 시대', 버블 붕괴 이후 퍼지고 있는 정신적인 풍요를 중시하는 시대를 '정신의 시대'라고 부르겠습니다.

물론, 실제로는 이렇게 시대를 단순히 나눌 수 없고, 아직 물질의 시대의 가치관으로 사는 사람들도 많이 있으며, 반대로 옛날부터 정신의 시대의 가치관을 갖고 살아온 사람들도 꽤 많을 것입니다.

그리고 한 명의 사람이 물질의 시대 가치관과 정신의 시대 가치관을 모두 중시하는 경우도 많습니다. 그것을 알면서도 굳이 이렇게 단순히 분류하는 이유는, 일에 대한 가치관 중 우리의 가능성을 축소하는 가치관, 반대로 확대하는 가치관을 쉽게 파악할 수 있기 때문입니다. 결국, 이러한 시대의 인식도 하나의 안경에 지나지 않으며, 독자분들 중에는 이것과는 다른 시대 인식을 가진 분도 계실 것입니다. 그래도 괜찮습니다. 그저 우선은 이 안경을 쓰고 책을 읽었으면 합니다. 다 읽은 후에도 여전히 이질감이 느껴진다면 언제든 안경을 벗으면 되니까요.

삶의 목적이 있다고
믿을 수 있는가?

그렇다면 '정신적인 풍요란 대체 무엇일까요? 그리고 어떻게 하면 손에 넣을 수 있을까요?' 이 질문에 대해서는 다양한 해답을 찾을 수 있습니다. 제가 개인적으로 중요하다고 생각하는 것은 그 사람이 자신의 '삶의 목적'을 실감하고 있는지입니다. 삶의 목적이라고 하면 매우 딱딱하게 들리지만, 쉽게 말하자면 '나는 무엇을 위해 태어나, 살고 있는가'이며, 더욱 짧게 말하자면, '존재 의미', 또는 '삶의 보람'이 될 것입니다.

어떤 사람에게 '당신의 삶의 목적은 무엇입니까?' 하고 물어보면 어떨까요. 아마도 단번에 대답할 수 있는 사람은 없지 않을까요? 설령 대답하는 사람이 있다고 해도 단지 그렇게 믿고 있을 뿐, 이것은 수학 문제집처럼 어딘가 '정답'이 쓰여 있는 것이 아닙니다. 즉, 그것은 단지 그 사람의 '가설'에 지나지 않습니다. 하지만 뻔한 가설도 가설입니다.

여기에서 중요한 것은, 자기 삶의 목적을 유창하게 말할 수 있는가보다 오히려 그게 뭔지는 잘 몰라도, 자신에게는 확실한 삶의 목적이 있다고 느끼는지의 여부입니다. 그리고 저는 이 느낌이야말로 정신적인 풍요의 토대라고 생각합니다.

예전에 이런 이야기를 들은 적이 있습니다. 미국의 심리학자들이 범죄자 및 마약 사범들의 심리적 경향을 공동으로 조사하기 위해 교도소에 수용된 죄수들을 인터뷰했다고 합니다. 그 결과, 그들 중 대부분은 '이 세상에 내가 있을 곳은 없다', '누구도 나를 필요로 하지 않는다'라고 생각한다는 것을 알게 되었습니다.

바꾸어 말하자면 삶의 목적을 느낄 수 없다는 것이며, 그것이 얼마나 사람의 정신적인 풍요에 부정적인 영향을 초래하는지 이 조사 결과를 통해 여실히 드러난 셈입니다.

이런 이야기를 하면 '그럼 나에게도 삶의 목적이 있다고 어떻게 증명할 수 있지?'라며 의문을 품는 사람이 있습니다. 이 사회에는 아직 '과학 만능주의'가 뿌리 깊고, 과학적으로 증명되지 않으면 믿지 못한다는 사고방식이 만연하기에 이런 의문은 납득할 수 있습니다. 하지만 여기에서 중요한 것은 과학적 증명의 여부가 아니라, 그렇게 믿음으로써 내 인생에 어떤 영향이 있는지가 아닐까요?

즉, 나에게 어떤 삶의 목적이 있다고 믿음으로써, 지금보다 인생을 더욱 긍정적으로 볼 수 있고 정신적으로도 더욱 풍요로워질 수 있다면, 그걸로 된 게 아닐까요. 독자분들의 생각이 궁금합니다.

증명할 때까지 못 믿겠다는 말은 극단적으로 말하자면 '대기 중의 오염 물질 조성과 그 인체에 대한 영향이 과학적으로 해명될 때까지 나는 숨을 쉬지 않겠어'라고 하는 것과 크게 다르지 않습니다.

또한, 믿고 싶지만 좀처럼 믿기 어렵다는 사람도 있습니다. 하지만 이것도 잘 생각해보면 이상합니다. 본인에게 삶의 목적이 있다는 것은 증명할 수 없지만, 동시에 삶의 목적이 없다는 것도 증명할 수 없습니다.

'나에게 삶의 목적이 있다고 믿을 수 없다'라는 사람은 바꾸어 말하면 '자신에게는 삶의 목적이 없다고 믿는다'라는 것과 마찬가지입니다. 물론, 이것은 어느 쪽이 옳은지 그른지의 문제가 아니라 '어느 쪽을 믿을 것인가'하는 의지와 선택의 문제인 것입니다.

의미 부여, 그 사소한 차이로
정반대의 삶을 살게 된 쌍둥이 자매

이처럼 '믿는다, 믿지 않는다'에 대한 논의가 되면 아무래도 종교 같지만, 달리 생각하면 '의미 부여'의 문제라고 할 수 있습니다.

유대인이라서 제2차 세계대전 때 나치의 강제 수용소에 수용된 오스트리아의 정신과 의사이자 심리학자인 빅터 프랭클(Victor E. Frankl)에 의하면, 가족과 일, 재산, 그리고 입고 있는 옷까지 그야말로 모든 것이 벗겨지고, 죽음만을 기다리는 질망적인 상황에서도 마지막까지 희망을 버리지 않고 살아남은 사람들의 공통적인 특징은 자신이 살아남아야 할 어떠한 '의미'를 찾아냈다는 것이라고 합니다.

예를 들면 '나에게는 꼭 끝내야만 하는 일이 있다', '내가 살아 돌아오기만을 기다리는 가족이 있다', '이런 잔혹한 행위가 두 번 다시 반복되지 않도록, 살아남아서 세상에 알리리라' 등의 의미를 찾아낸 사람들만이 상상을 초월할 정도의 가혹한 상황을 견뎌낼 수 있었다고 합니다. 프랭클은 '사람은 의미를 추구하는 동물'이라고 말합니다.

어쨌든, 생각대로 되지 않는 것이 인생입니다. 어느 날 갑자기 생각지도 않았던 '비극'이 닥쳐올 때도 있습니다. 운이 없었다고밖에 말할 수 없는 일일 수도 있지만, 그 일에 대해 계속 '왜 나에게 이런 일이 생긴 걸까'라며 피해의식에 사로잡혀 있다 한들 상황은 조금도 좋아지지 않습니다. 다시 정신적인 풍요를 되찾기 위해서는 그 사건에 어떠한 긍정적인 의미를 부여할 필요가 있습니다.

이런 이야기를 들은 적이 있습니다. 아마 미국에서 있었던 일로 기억합니다. 한 쌍둥이 자매가 있었는데, 아버지는 바람이 나서 쌍둥이 자매가 어렸을 때 집을 나가버리고, 어머니는 그 일이 있고 난 뒤 항상 술에 취해 있다가 결국에는 알코올 중독으로 양육도 제대로 못 하는 상태가 되어버렸다고 합니다.

이 쌍둥이 자매는 그 후 어떤 인생을 보냈을 것 같나요? 사실, 이 쌍둥이 자매는 그 이후 정반대라고 할 수 있을 정도의 인생을 보내게 됩니다. 한 명은 비행을 일삼다가 마약에도 손을 대 교도소에 드나드는 인생을, 다른 한 명은 힘들게 공부해 변호사 시험에 합격한 후, 동료 변호사와 결혼해서 행복한 인생을 보내고 있다고 합니다.

같은 가정 환경에서 자란 쌍둥이가 이처럼 대조적으로 살아가자 이에 흥미를 느낀 TV 방송국이 두 사람을 각각 인터뷰했습니다. 그리고 "당신은 왜 지금과 같은 인생을 살게 되었다고 생각합니까?"라고 질문했습니다. 두 사람의 대답은 완전히 같았습니다.

"그런 가정에서 자라면 누구라도 이렇게 될 거예요."

그렇다면 이 쌍둥이 자매는 무엇이 달랐던 걸까요. 그것은 일어난 사건에 대한 의미 부여였습니다. 교도소에 드나드는 쪽은 '그런 혼란스러운 가정에서 자랐으니 내가 이렇게 된 게 당연하다'라는 의미를 부여했고, 변호사가 된 쌍둥이는 '그런 가정에서 자랐기 때문에 나는 정반대 인생을 사는 것이 당연하다'라는 의미를 부여한 것입니다. 이것은 의미 부여 하나로 인생이 극적으로 바뀔 수 있다는 좋은 예가 아닐까요?

여러분의 인생을 한 번 되돌아 봐주세요. 그저 비극이라고밖에 생각할 수 없었던 일도 시간이 지나 되돌아보니 '그 일이 있었기 때문에, 지금의 내가 있다'라는 생각이 드는 경험을 한 적은 없나요?

언뜻 보면 그저 '무의미한' 사건이지만, 차분히 들여다보면 반드시 어떠한 긍정적인 의미를 찾을 수 있습니다. 의미를 찾아야 하는 궁극적인 대상이 자신의 인생, 즉 삶의 목적입니다.

당신은 지구상에서,
그리고 역사적으로도 유일한 존재

저는 이 세상에 태어난 이상, 모든 사람은 고유한 삶의 목적이 있다고 생각합니다. 바꾸어 말하자면, 삶의 목적이 같은 사람은 아무도 없다는 것입니다. 모든 사람의 삶의 목적이 다르니, 내 삶의 목적을 다른 사람과 비교하고 어느 쪽이 더 우수한지 경쟁할 필요도 없으며, 이것은 아무런 의미도 없습니다. 그저 다양한 삶의 목적이 있을 뿐입니다.

'그럼 내 고유 삶의 목적이 뭐지?'라고 생각할 수 있습니다. 삶의 목적이 무엇인지에 상관없이, 그것이 그 사람 특유의 것이라는 사실을 직접 확인하기 위해 간단한 연습을 해보고자 합니다.

종이와 펜을 준비하고 "나는＿＿＿이다"라는 문장의 공란에 적합한 단어를 생각나는 대로 써보세요.

예를 들면 '남성', 'B형', '사수자리', '장남'과 같은 속성에서부터 '왼손잡이', '고집쟁이', '지는 걸 싫어함', '낙관적', '직감형', '2개 국어 구사'와 같은 특성까지, 반드시 '~이다'로 끝나지 않아도 되니 우선은 '나'를 나타낸다고 생각되는 것을 나열해보세요.

더 이상 생각나지 않을 정도로 썼다면, 이번에는 다시 한번 써놓은 것을 봐주세요. 하나하나 보다 보면 '남성'과 같이 꼭 내가 아니어도 다른 사람이 많이 속하는 단어도 있을 것입니다. '지기 싫어함'과 같이 어쩌면 나보다 더욱 그런 사람이 있을 것 같은 단어도 있을지 모릅니다.

하지만 쓰인 모든 단어를 합치면 어떨까요? 예를 들어, 위에 쓰인 모든 단어에 들어맞는 사람은 세상에 몇 명이나 있을까요? 단지 열몇 가지 단어를 썼을 뿐인데도, 이 모든 것에 들어맞는 사람은 상당히 한정되거나, 어쩌면 누구도 들어맞지 않을 수 있습니다. 하물며 여러분이 종이에 쓴 모든 내용이 들어맞는 사람은 온 세상을 뒤져도, 역사를 거슬러 올라도 단 한 명도 없을 것입니다.

그다지 놀라운 이야기는 아니라고 생각하실 수 있습니다. 하지만 저는 굉장히 획기적이라고 생각합니다. 이런 요소를 만일 '가치'라고 부른다면, 자신과 같은 가치로 이루어진 사람은 지구상에도, 역사적으로도 없는 것이기 때문입니다. 바꿔 말하면 이 세상을 살아가는 모든 사람에게 고유한 삶의 목적이 있다는 것을 증명하는 셈입니다.

제4의 해방이
시작되었다

그동안 '사람은 무엇을 위해 이 세상에 태어나서 살아가는가'에 대한 고민은 오로지 종교인이나 철학자들만의 영역이었습니다. 하지만 이제 이 물음에 우리 모두가 해답을 찾아야만 하는 시대가 되었습니다. 이른바 '1억 철학자의 시대'가 도래한 것입니다.

저는 애당초 가장 기본적이고도 중요한 이 물음에 대해 생각하는 것을 일부 사람들에게 위임해버린 것 자체가 이상하다고 생각합니다. 이 질문에 대해 자기 나름대로 생각해두지 않으면 인생이 위기에 처했을 때, 타인의 의견과 사고방식을 무의식 중에 맹목적으로 받아들이기 쉽습니다.

저는 종교의 가치를 기본적으로는 인정하지만 '이것이 유일한 해답이다'라며 강요하는 식에 회의적입니다. 물론 스스로 생각하는 것보다 다른 사람의 답을 받아들이는 것이 편하겠지만, 그것은 말하자면 '커닝'이나 마찬가지입니다.

어디까지나 스스로 해답을 추구하고, 기존의 종교와 철학의 사고방식은 힌트 정도로 참고만 하는 게 바람직하지 않을까요?

역사적으로도 사람이 의미를 추구하게 된 것은 자연스러운 흐름으로 보입니다. 다음의 표는 인류의 역사를 '해방'이라는 키워드로 정리한 것입니다.

표1 제4의 해방

시대	노예제	봉건제	자본주의	?
해방 레벨	신체적 해방	사회적 해방	물질적 해방	정신적 해방
중심적인 가치	자유	평등	부	의미

많은 사람들이 신체적인 구속으로부터 해방을 추구한 노예제 시대(제1 해방)에서, 신분 등의 사회적인 구속으로부터 해방을 추구한 봉건제 시대(제2 해방)를 지나, 경제 혹은 물질적인 구속으로부터 해방을 추구한 자본주의 시대(제3 해방)로 해방의 레벨이 진행됨에 따라 시대는 크게 움직여왔습니다.

그리고 각 시대별로 중심이 되는 가치관도 '자유', '평등', '부'로 변했습니다. 그리고 이제 제4의 해방, 이른바 '의미'를 중심적인 가치관으로 삼는 '정신적인 해방을 추구하는 새로운 시대로 돌입하고 있지는 않은가' 하고 생각합니다.

이 장의 첫 부분에서 서술한 '물질의 시대에서 정신의 시대로'라는 견해도, 실은 이렇게 커다란 역사적 조류 속에서 평가할 수 있는 것입니다. 그리고 이 견해에 따르면 '정신의 시대'는 이른바 '의미의 시대'라고 말할 수도 있습니다.

물론 저는 역사학자가 아니며, 세상에는 지금도 이런 조류와는 전혀 상관없이 살아가는 사람도 많은 것을 생각하면 이 견해는 너무 성급한 결론이라고 비난받을 수도 있습니다. 하지만 이 또한 하나의 안경이며, 이야기입니다. 혹시 이런 견해가 우리가 놓인 상황에 비추어 생각해보았을 때 도움이 된다면, 참고해주시면 좋겠다는 말입니다.

이러한 내용의 요약을 위해, 물질의 시대와 정신의 시대를 특정 짓는 각각의 요소를 나열해보았으니 그 차이를 봐주셨으면 합니다.

표2 물질의 시대와 정신의 시대

물질의 시대	정신의 시대
물질적인 풍요	정신적인 풍요
부	의미
량	질
과학	철학
돈	삶의 목적

첫 번째 안경 :
일 = 돈

이 이야기를 가장 먼저 하는 이유는, 만약 우리의 가치관과 인생관이 '물질적인 풍요'를 추구하는 방향에서 '정신적인 풍요'를 추구하는 방향으로 변해왔다면, 당연히 일에 대한 가치관도 그에 맞추어 변해야 한다고 생각하기 때문입니다.

인생과 일은 떼려야 뗄 수 없는 관계입니다. 따라서 우리가 자신의 인생에서 더 '정신적인 것'을 추구하기 시작한디면, 지기 일에 대해서도 예전보다 훨씬 더 '정신적인 것'을 추구하게 된 것이라 할 수 있습니다.

물질의 시대에서 일이란 '생계를 유지하기 위한 수단'이라고 생각하는 것이 일반적이었습니다. 그리고 생계를 유지하기 위해서는 보통 돈이 필요하기 때문에, 어떤 활동을 일이라 할 수 있는가에 대한 여부는 수입의 유무로 결정되는 게 대부분이었습니다.

이른바 '일 = 돈'이라는 견해가 지배적이었던 것입니다. 이것이 첫 번째 안경입니다. 어쩌면 '돈은 상관없다'라는 사람도 있을 것입니다. 하지만 대부분 사람들의 머릿속에서는 여전히 일과 돈이 밀접하게 연관되어 있는 것 같습니다. 그 증거로, 세상에는 아직 수입이 동반되지 않는 활동은 좀처럼 일로 인정받지 못하는 경향이 있습니다. 대표적인 것이 '주부'입니다.

제가 개최하는 '천직창조 세미나'에도 자칭 '전업주부' 분들이 자주 참가합니다. 그분들께 "당신의 직업은 무엇입니까?" 하고 물으면 대부분 "죄송합니다, 저는 지금 아무 일도 하지 않고 있어요"라고 대답합니다. "가사와 육아는 훌륭한 일이 아닙니까?" 하고 다시 물으면 대부분의 사람들은 의아한 얼굴로 "네?"라고 합니다. 요컨대, 그분들의 머릿속에는 '주부 = 무수입 = 일이 아니다'라는 방정식이 깊이 뿌리내리고 있기 때문입니다.

학생들도 주부와 마찬가지로 세미나에서는 "죄송합니다. 저는 아직 일을 하지 않고 있어요"라고 합니다. 그들에게 "장래 세상에 도움이 되기 위해 열심히 공부하는 것은 일이 아닙니까?" 하고 물으면 역시나 마찬가지로 "네?" 하는 반응을 보입니다. 이것 역시 '돈을 버는 것이 아니면 일이 아니다'라는 세상의 견해를 반영하고 있다고 말할 수 있겠지요.

더욱이 고베(神戸) 대지진에서 활약상을 보여주고, 동일본 대지진에서도 큰 힘이 된 봉사활동 역시 '일 = 돈'이라는 가치관 아래에서는 그 의미의 크기에 비해 세상의 공정한 평가를 좀처럼 얻기 힘든 활동의 하나였습니다. 유감스럽게도 현재, 이런 주부나 학생, 봉사활동을 하는 사람들이 서슴없이 "일입니다" 하고 자신 있게 공언하는 모습은 보기 어렵습니다.

'일 = 돈'이라는 안경은 또한, '돈을 많이 버는 사람일수록 훌륭하다'라는 다른 안경을 만들어냅니다. 바꾸어 말하자면, '돈을 벌지 않는 사람은 삶의 목적이 없다'라는 말이 됩니다. 앞서 제 세미나에 참가하시는 주부와 학생들이 "당신의 일은 무엇입니까?"라는 제 질문에 대해 자주 "죄송합니다"라고 한다는 이야기를 했는데, 이것은 그야말로 낮은 수입 또는 수입의 결여가 그 사람의 '자존심'까지 낮추고 있다는 것을 나타냅니다.

이처럼 잘 살펴보면, 생각 이상으로 많은 사람들이 '일 = 돈'이라는 견해에 얽매여 있다는 것을 알 수 있습니다. 어쩌면 당연한 일일지도 모릅니다. 우리가 현재 가신 일에 대한 가치관은 내부분이 우리의 부모님, 또는 그 부모님의 시대에서부터 모르는 사이에 이어져 내려온 경우가 많습니다. 그렇다면 우리의 부모님이나 조부모님이 살아온 시대는 어떤 시대였을까요?

이 장의 가장 첫 부분에서 짧게 언급했듯이, 물질 부족이 심각해서 그야말로 '내일은 무엇을 먹나'를 매일 고민해야 했던 시대입니다.

그런 시대, 그런 환경 속에서 태어나 자란다면, '돈이 최고'라는 견해를 갖는 것도 당연합니다. 또한 그런 안경을 쓴 부모님과 조부모님이 키운 우리 세대가 그들과 같은 안경을 쓰고 있어도 이상한 일이 아닙니다.

하지만 시대는 변했습니다. '잃어버린 20년'이라고 불리며 오랫동안 계속된 불황 속에서도 백화점과 슈퍼에 가면 변함없이 필요한 대부분의 물건을 살 수 있었고, 연휴가 되면 엄청난 수의 사람들이 해외여행을 떠났습니다. 물론 이러한 상황이 앞으로도 계속될 거란 보증은 어디에도 없지만, 그렇다고 해서 아직도 전쟁 직후와 같은 견해를 가지고 있는 것도 이상하지 않을까요?

제가 하고자 하는 말은, 물질의 시대의 안경이 잘못되었다는 것이 아니라, 오히려 그 안경이 시대에 맞지 않는 것은 아닌가 하는 것입니다. 도수가 맞지 않는 안경을 계속 쓰면 눈이 피로한 것처럼, 시대에 맞지 않는 가치관을 계속 가지고 있으면, 얼마 가지 않아 정신이 피로해질 것입니다. 그렇게 되기 전에 빨리 도수가 맞지 않다는 것을 깨닫고, 지금 시대에 더 잘 맞는 안경으로 바꿀 필요가 있지 않을까요. 저는 그렇게 생각합니다.

일이란 삶의 목적을 탐색하고, 그것을 표현하는 것

그렇다면 어떤 안경으로 바꾸어 써보면 될까요?

여기에 나오는 것이 앞서 말한 '삶의 목적'입니다. 저는 정신의 시대에 대해서 '일이란 자기 삶의 목적을 탐색하고, 그것을 표현하는 것'이라는 새로운 안경이 필요하다고 생각합니다. 이것을 단적으로 말하자면 '일 = 삶의 목적'이 됩니다.

'일 = 삶의 목적'이란 구체적으로 무엇을 뜻하는 걸까요?

예를 들면, '모든 사람들을 대할 때 배려심을 갖는다'가 자기 삶의 목적이라고 생각하는 사람에게는 전철에서 고령자에게 자리를 양보하거나, 길을 잃은 사람에게 목적지로 가는 길을 알려주는 것도 일이됩니다. '아름다운 자연을 지킨다'가 삶의 목적인 사람에게는 말라가는 풀과 꽃에 물을 주거나, 바다에 갔을 때 해변에서 쓰레기를 가지고 돌아오는 것도 일이 되는 형태입니다.

이처럼, 삶의 목적이라는 관점에서 보면 아주 작은 일상적인 활동과 행동조차 일이 될 수 있습니다. 그중에는 수입으로 이어지는 것도 있을 수 있습니다.

하지만 어디까지나 그 활동이나 행동이 일인지에 대한 여부를 결정하는 기준은 수입의 유무가 아닌, 그 사람의 삶의 목적에 따른 것인지의 여부에 있습니다. 이러한 관점에서 보면 주부들이나 학생들도, 사원이나 사장도, 정규직도 아르바이트도 또는 부자나 그렇지 않은 사람도 모두 같은 선상에서 일을 할 수 있지 않을까요. 애당초 '수입'은 그 자체가 목적이라기보다 무언가를 달성하기 위한 수단의 성격이 짙다는 느낌이 듭니다. 단지 돈을 많이 버는 것만으로는 아무 의미가 없습니다.

많은 사람들은 '먹고살기 위해서'라고 말합니다. 하지만 자세히 들어보면 그 사람들도 '그저 먹고살 수 있으면 된다'라고 생각하지는 않습니다. 예수 그리스도는 "인간은 빵만으로 살 수 없다"라고 했다는데, 살아가면서 그저 장수하는 것 이상의 무언가를 추구하는 것이 사람 마음이겠지요. 그렇다면 '그저 먹고사는 것' 이외의 목적으로 돈을 버는 활동에 몰두하는 사람의 경우는 어떨까요?

예를 들어 '대저택에서 살고 싶다', '고급 차를 타고 싶다' 등의 소위 '그런' 목적을 가진 사람들입니다. 저는 딱히 이런 목적을 가진 것 자체가 나쁘다고는 생각하지 않습니다. 단지 여기에서 생각하고 싶은 것은 '애당초 왜 그 사람은 그런 목적을 가지게 되었는가' 하는 것입니다. 생각건대, 이른바 '사회적 지위·상징'을 가짐으로써, 자기 삶의 목적을 실감하고자 하는 마음이 어딘가에 있기 때문은 아닐까요?

이렇게 보면 결국 우리 인간이 최종적으로 바라는 바는, 자기 삶의 목적을 느끼고자 하는 게 아닌가 하는 생각이 듭니다. 문제는 그에 대한 수단이 지금까지 물질적인 것에 너무 치우쳐 있었다는 것입니다.

바꾸어 말하자면, 혹시 삶의 목적을 느끼는 수단이 돈이나 물질을 많이 '소유하는 것', 그 이상에 있다는 사실을 깨달으면 다른 수단을 선택하는 사람이 더욱 늘어나지 않을까요?

이 책을 통해 제가 제안하고 싶은 '다른 수단'은 일을 '자기 삶의 목적을 탐색하고 표현하는 것'이라고 새롭게 인식하는 것입니다. 물론 살아가기 위해서는 생계를 유지할 필요가 있습니다. 이상적으로는 정신의 시대의 안경인 '자기 삶의 목적을 탐색하고, 표현하는 것'에 따른 일을 하면서 물질의 시대의 안경인 '생계를 유지'할 수 있으면 가장 좋을 것입니다.

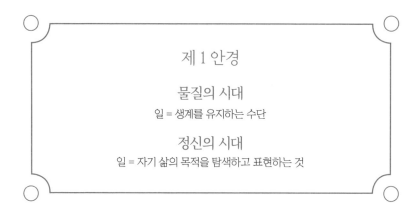

제 1 안경

물질의 시대
일 = 생계를 유지하는 수단

정신의 시대
일 = 자기 삶의 목적을 탐색하고 표현하는 것

그리고 그것은 충분히 가능하다고 생각합니다. 사실, 저는 20년 가까이 계속 그 2가지를 양립해왔습니다. 어떻게 양립해왔는지에 관해서는 제3장에서 자세히 이야기하도록 하고, 우선 삶의 목적에 대해서 조금 더 생각해보고자 합니다.

우선 집 밖으로 나가세요

삶의 목적이란, 오직 자신에게만 의미 있는 것은 아닙니다. 타인이나 사회에도 의미가 있습니다. 예를 들면, '내 삶의 목적은 바로 나 자신이 행복해지는 것입니다' 하는 것이나, '나의 삶의 목적은 사람들에게 사랑받는 것입니다'라는 것은 엄밀하게 말하면 삶의 목적이 아닙니다. 하지만 '부자가 되는 것', '회사에서 출세하는 것'이 삶의 목적이라고 말하는 것보다는 나을지도 모릅니다.

앞서 말한 교도소에 수용된 죄수들을 대상으로 한 인터뷰 조사에서, 그들의 대부분이 '이 세상에 내가 있을 곳은 없다', '아무도 나를 필요로 하지 않는다'라고 생각하는 것을 알게 되었다고 했는데, 타인 혹은 사회적 관점에서 나라는 존재가 갖는 의미를 생각해봤을 때, '의미를 찾을 수 없다', 혹은 '느낄 수 없다'라는 것을 나타냅니다.

그렇다면 삶의 목적이란, 타인이나 사회와의 '관계성'에서 처음으로 발견할 수 있는 것이라 할 수 있습니다. 예전에 《신과 나눈 이야기》 시리즈의 필자인 닐 도널드 월쉬(Neale Donald Walsch)의 강연을 들은 적이 있는데, 그때 청중의 한 명이 다음과 같은 질문을 했습니다.

"제가 이 세상에 존재하는 의미를 모르겠습니다. 벌써 몇 년 동안 매일같이 자문하고 있지만, 좀처럼 답을 찾을 수 없습니다. 어떻게 해야 할까요?"

그 질문에 대한 월쉬의 대답이 매우 인상적이었습니다.

"우선 집 밖으로 나가세요. 그리고 거리를 천천히 걸으십시오. 그후에 거기에서 만난 사람들과 보이는 사건들을 차분히 관찰해보세요. 그렇게 하면 언젠가 당신이 원하는 답을 찾을 수 있을 겁니다."

저는 월쉬의 대답이 어떤 의미에서는 진실이라고 생각했습니다. 삶의 목적은 집에 박혀서 혼자 생각해서는 절대로 찾을 수 없습니다. 거리로 나가 타인과 사회와의 관계를 통해서만 찾을 수 있습니다.

일본어로 일(仕事)의 한자를 보면 '봉사하는 것'이라고 씁니다. 여기서 '봉사'라는 것은 누구에게 하는 봉사일까요. 적어도 회사나 상사는 아닐 것입니다. 그렇다면 '타인'이나 '사회'라고 생각합니다. '일한다'의 어원은 '타인을 편하게 하다'에서 왔다고 들은 적이 있는데, 이것도 마찬가지의 의미가 있다고 할 수 있습니다.

단, '봉사'라는 말이 가리키는 것이 나의 희생은 아닙니다. 오히려 나라는 존재를 최대한 드러내는 것이야말로 타인과 사회에 도움이 된다고 생각합니다.

　그리고 자신을 최대한으로 살려서 타인과 사회에 도움이 되었을 때, 그 사람은 삶의 목적을 느낄 수 있다고 생각합니다. 그저 '내가 행복해지면 된다', 또는 '부자가 되면 된다'에 그친다면, 스스로가 내린 결정에 얽매여 타인이나 세상과는 관계없는 고독한 인생이 되어버립니다. 이것이야말로 삶의 목적을 전혀 느끼지 못하는 인생이 되는 일일 것입니다.

실업의 진정한 타격은
정체성 상실

　‘일 = 삶의 목적’이라는 안경으로 보면 ‘일 = 돈’이라는 안경으로 봤을 때는 보이지 않았던 여러 가지 가능성을 볼 수 있습니다. 그중에서도 가장 획기적인 것이 ‘실업’이 사라지는 것입니다. 실업은 일반적으로 ‘일이 없는 상태’를 말하는데, 더욱 정확하게는 ‘수입을 동반하는 일이 없는 상태’를 가리킵니다.

　그러나 만약 일이 수입의 유무가 아닌 것으로 정의되고, 누구나 삶의 목적이 있다고 한다면, 실업이라는 개념이 존재하지 않게 됩니다.

　미국의 종교인인 매튜 폭스(Matthew Fox)는 《The Reinvention of Work(일을 되묻다)》라는 책에서 다음과 같이 말하고 있습니다.

　“우주에 존재하는 모든 생명체는 일을 하고 있다. 은하와 별, 나무와 돌고래, 풀과 양, 숲과 구름, 닭과 코끼리 등 모두 그저 묵묵히 제 일을 한다. 그중에서 '일이 없어!'라며 소란을 피우는 것은 인간뿐이다.”

확실히 인간만이 아니라 그 외의 모든 생명체에도 삶의 목적은 있고, 그들은 그것에 따라 살아가는 것처럼 보입니다. 폭스는 '실업'은 인류가 낳은 특이한 현상이며, 불건전한 현상이라고 말합니다.

기후 변동이나 환경 파괴, 빈부 격차의 확대, 전쟁과 테러의 빈발 등 인류가 지혜와 힘을 모아야만 해결할 수 있는 문제가 산적한 시대에서는 실업 같은 걸 하고 있을 때가 아닐지도 모릅니다. 실업이라는 현상이 초래하는 문제는 단순히 수입이 없어서 생계를 유지할 수 없는 것으로 끝나지 않습니다. 실업은 '정체성 상실'이라는 더욱 중대한 문제를 가져옵니다.

현재 이른바 일을 가진 사람들의 대부분은, 그 일에 대해 과도하게 '동일화'하는 경향이 있습니다. 말하자면 '나는 ○○회사의 영업부장이다', '나는 모 유명 잡지의 편집자다'와 같이, 일의 '형태'와 자신을 동일시하기 쉽습니다. 어떠한 사정으로 정체성이 사라졌을 때, 자신이 무엇인지 알 수 없게 될 위험성이 있습니다. 이것은 실업자들뿐만 아니라 정년퇴직하는 사람들도 많든 적든 경험을 하게 됩니다.

일이 없어지고 정체성을 잃었을 때, 만일 생계를 유지한다는 목표가 남아 있다 해도 그것으로 괴로움이 덜어지지는 않고, 자포자기하거나 극단적인 경우에는 스스로 목숨을 끊는 사람도 있습니다.

이것은 사람은 경제적인 위기보다 정신적인 위기를 더 견디기 힘들어한다는 것을 나타낸다고 볼 수 있습니다. 그렇다면 수입의 유무나 그것을 가져다주는 형태, 이른바 직업으로 일을 정의하는 것은 매우 위험한 일은 아닐까요? 덧붙여 말하자면, 일뿐만 아니라 형태가 있는 것으로 자신을 정의하는 것은 대개 위험이 크다고 생각합니다.

예를 들면, 사회적인 지위나 사는 집, 인맥 등도 '형태가 있는 것'입니다. 형태가 있는 것으로 자신을 정의하는 것이 왜 리스크가 큰지 생각해보면, 형태가 있는 것은 당연히 변화에 약하기 때문입니다. 만일 경제적이나 사회적인 대변동이 일어나거나 근무하던 회사가 도산하는 등의 외적인 변화를 맞닥뜨리면 이것들은 너무나도 간단히 잃을 수 있습니다.

한편, 형태가 없는 것은 변화에 큰 영향을 받지 않습니다. 그 대표적인 것이 삶의 목적입니다. 자기 일을, 그리고 더 나아가 자신 그 자체를 삶의 목적에 따라 정의하고 있는 한 그 일은 외적인 변화로 갑자기 빼앗기지는 않습니다.

'모든 사람을 대할 때 배려하는 마음을 가진다', '아름다운 자연을 지킨다'라는 삶의 목적은 자신이 그렇게 하고 싶다는 의지만 있으면 언제 어떠한 상황에서도, 어떠한 방법으로든 표현할 수 있습니다. 바꾸어 말하자면 '일 = 삶의 목적'이라고 생각하는 한, 그 일은 세상이 어떻게 변하든 아무런 영향도 받지 않습니다.

삶의 목적은 진화한다

삶의 목적은 외적인 변화의 영향을 받지는 않지만, 내적인 변화의 영향은 받습니다. 여기에서 '내적인 변화'는 자신의 정신적인 성장이나 깨달음이 깊어지는 것을 말합니다.

앞서 삶의 목적에는 정답이 없으며 가설을 세우는 것만이 가능하다고 말했는데, 가설을 세운다면 그것을 검증할 필요가 있습니다. 검증하는 방법은 그것을 '표현하는' 것입니다.

표현하는 것을 보다 구체적으로 말하자면 행동하는 것입니다. '모든 사람을 대할 때 배려하는 마음을 가진다', 이것이 자기 삶의 목적이라고 가설을 세운 사람이 전철에서 노약자에게 자리를 양보한다면, 그것은 삶의 목적을 '자리를 양보한다'라는 행동으로 표현한 것이 됩니다. 또는 이러한 일상적이고 일시적인 행동이 아닌, 더욱 계속적인 형태로 삶의 목적을 표현하기 위해 서비스업이나 의료 관계의 일에 종사할 수도 있습니다.

어떤 것이든 자신이 세운 가설을 눈에 보이는 구체적인 형태인 행동으로 나타냄으로써, 자신이 그 가설을 이해할 수 있는지의 여부를 알 수 있습니다. 혹시 이해되지 않는 부분이 있다면, 그때 바꾸면 됩니다. 이것이 바로 삶의 목적에 대한 가설을 검증하는 것입니다.

더욱 간단한 검증 방법은 자신이 세운 삶의 목적에 대한 가설을 누군가에게 말하는 것입니다. 문자 그대로 '표현'하는 것입니다. 머릿속에서만 생각하는 것보다 누군가에게 직접 말함으로써 그것이 얼마나 납득할 수 있는 일인지 알 수 있습니다.

이처럼 삶의 목적은 한번 정했다고 해서 영원한 것이 아닙니다. 가설을 세우고 그것을 다양한 형태의 표현으로 검증하고, 나아가 진화해가는 것입니다. 이것이 '삶의 목적을 탐색한다'는 것이며, 가설과 검증처럼 탐색과 표현은 하나의 세트입니다.

저의 경우에도 제 성장과 깨달음의 깊이에 따라 삶의 목적이 진화해왔습니다. 처음에는 '사람이 활력 있게 일하도록 지원한다'는 것이 제 삶의 목적이라는 가설을 세웠지만, 차츰 제가 지원하고 싶은 것은 일하는 것뿐만 아니라, 사람이 가진 가능성을 찾아내는 것에 끌린다는 것을 깨닫고, '사람이 본래 가지고 있는 가능성을 최대한 발휘할 수 있도록 지원한다'는 가설로 진화했습니다.

더욱이 최근에는, 제가 가능성을 찾고 싶은 것은 사람만이 아닌, 사람이 모인 조직이나 지역도 포함되어 있고, 더 나아가 자연 등 인간 이외의 세계도 포함되었다는 것을 깨닫고, 모든 존재가 본래 가지고 있는 가능성을 최대한 발휘할 수 있도록 지원한다'는 가설로 진화했습니다.

우리는 자칫하면 자기 삶의 목적을 눈에 보이는 구체적인 형태로 표현하는 것만이 일이라고 생각하기 쉽지만, 동시에 그것이 무엇인지를 항상 탐색하고 진화해가는 것도 마찬가지로 중요한 일입니다.

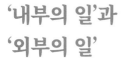

'내부의 일'과
'외부의 일'

경제학자인 E·F·슈마허(Ernst Friedrich Schumacher)는 '우리에게 가장 중요한 일은, 자신 내부의 세계를 질서 있게 하는 것이다'라고 저서인 《Small is Beautiful》에서 말하고 있습니다.

저는 모든 사람이 삶의 목적을 탐색하는 것과 슈마허가 말하는 '내부의 세계를 질서 있게 한다'라는 말은 일맥상통한다고 생각하며, 이것을 '내부의 일'이라 부릅니다.

그리고 삶의 목적을 눈에 보이는 형태로 구체적으로 표현하는 것을 '외부의 일'이라고 부릅니다. 또한 이 두 관계에 관해 설명할 때 '무한대'를 표현하는 기호를 사용합니다(그림1 참조).

그림 1 내부의 일과 외부의 일

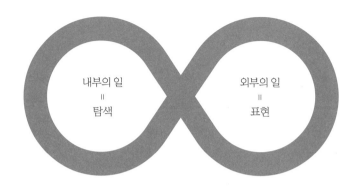

우리의 의식은 앞의 그림의 오른쪽 부분, 즉 눈에 보이는 '외부의 일' 쪽으로 치우치기 쉬워서, 왼쪽 부분, 즉 눈에 보이지 않는 '내부의 일'은 등한시하는 경향이 있습니다. 오른쪽 부분만 비대해지고, 왼쪽 부분은 작거나 거의 없는 찌그러진 상태가 되는 것입니다.

게다가 '외부의 일'은 삶의 목적을 표현하는 일이라기보다 생계를 유지하기 위한 일이 되어버리는 경우가 많습니다.

매튜 폭스는 다음과 같이 말했습니다.

"너무 많은 사람들이 보수나 위험 때문에 일을 한다. 이렇게 자신의 외부에 있는 상과 벌이 동기가 되면 그 일은 죽어버린다."

살아 있는 일을 하기 위해서는 내부의 일이 필수라는 것입니다. 제가 유학 중에 가르침을 받은 선생님의 컴퓨터 화면보호기에 쓰여 있던 말이 그 정곡을 찌르고 있습니다.

'당신의 내부에서 아무런 일도 하지 않는다면, 당신은 일을 하는 것이 아니다.'

이처럼 내부의 일과 외부의 일 모두가 마치 자동차의 바퀴처럼 균형을 맞추어 움직여서 앞의 그림의 양쪽이 조화를 이룬 상태가 되는 것이야말로, 그 사람이 가지고 있는 가능성을 '무한대'로 끌어낸 것이라 생각합니다. 그래서 제2장에서는, 우선 내부의 일인 '삶의 목적을 탐색하는 것'에 대해서 이야기하고, 제3장과 제4장에서는 외부의 일인 '삶의 목적을 표현한다'에 대해 생각해보고자 합니다.

 Summary
제1장 정리

▶ 우리는 물질적 풍요가 우선인 '물질의 시대'에서 정신적 풍요가 우선인 '정신의 시대'로 이동하고 있다. 그러므로 '일에 대한 관점'도 바뀔 필요가 있다.

▶ 정신적 풍요를 누리기 위해서는 먼저 '삶의 목적'부터 찾아야 한다.

▶ 사람은 모두 제각각 고유한 삶의 목적을 가지고 있다.

▶ 물질의 시대에는 일을 '생계 수단'으로 생각했다. 그러나 정신의 시대에는 일을 '삶의 목적을 탐색하고 그 의미를 표현하는 것'으로 생각할 필요가 있다.

▶ 삶의 목적은 제일 먼저 타인과 자신의 관계, 사회와 자신의 관계에서 찾을 수 있다.

▶ 일을 '돈을 버는 직업'으로만 생각하면 외적 변화에 따라 언제든지 일을 잃을 위험이 있다.

▶ 삶의 목적은 개인이 성장하고 깨달음이 깊어질수록 함께 진화한다.

▶ '삶의 목적을 찾아가는 과정이 내부의 일'이라면, '이를 표현하는 과정은 외부의 일'이라 할 수 있다. 내부의 일과 외부의 일이 조화를 이룰 때 사람은 자신의 본래 역량을 최대한 발휘하게 된다.

....

이노우에 위마라 씨 - '명상 조력자'

이노우에 위마라 씨(55세)는 와카야마현(和歌山県)의 고야산(高野山) 대학에서 교편을 잡고 있으면서, 명상 실천 지도를 위주로 전국에서 강연과 워크숍을 하고 있다. 대학 수업이 없는 금요일부터 일요일까지 3일간은, 가족이 있는 야마나시현(山梨県)의 작은 시골에서 지내며 같은 동네에 사는 아버지의 병간호와 아직 어린 자식들의 육아에도 적극적으로 힘쓰고 있다. 위마라 씨는 이곳에서 태어났으며, 대학에 입학하기 전까지 어린 시절을 보냈다.

초등학교에 들어갈 무렵, 당시 고향 집 뒤쪽에 있던 안방에서 위마라 씨는 자신이 장래 나아가야 할 방향을 결정하는 사건을 겪었다. 어느 날, 그 방의 벽 구석에 아침 햇살이 비치고, 사슴이 그 빛 안에서 무지갯빛을 띠며 춤추는 모습을 보고 충격을 받은 것이다. 너무나 아름다운 그 광경에 매료된 위마라 소년은 문득 그 사슴과 밤하늘에 반짝이는 별과의 관계에 대해서 생각하게 되었다. '별과 사슴과 자신. 이 세 존재의 공통점은 무엇일까?' 어린 마음에 그런 생각을 했다고 한다.

"'돌이켜보면, 마음 어딘가에서 언제나 진리를 찾고 있었습니다."
진리를 알면 자유로워진다. 위마라 씨는 그렇게 느꼈다고 한다.
아인슈타인의 물리학에 빠져든 것도 아인슈타인처럼 진리를 추구하면, 언젠가 모든 사람이 자신의 장래를 예측할 수 있는 방정식을 찾아낼 것으로 생각했기 때문이다. 그는 어떠한 의문을 소홀히 하지 않고 깊게 파고들어 생각하는 경향이 강했던 것 같다.

위마라 씨는 고등학교 3학년 때 오토바이 여행을 떠났다. 도중에 조동종(曹洞宗) 총본산인 후쿠이현(福井県)의 영평사(永平寺)에 들렀다. 조동종 개조인 도겐(道元) 선사의 '불교를 배우는 것은 자신을 배우는 것이며, 또한 자신을 잊는 것이다. 이때 자신은 온갖 것에 부끄러워지고, 온갖 것에서 해방된다'라는 말에 끌렸기 때문이다.

거의 순간적으로 그곳에 잠시 머물고 싶은 충동에 사로잡혀, 사정한 끝에 일주일 동안 머물게 되었다. 이 무렵부터 '사람은 도대체 무엇을 위해 태어나는 것인가?' 하는 의문이 위마라 씨의 머릿속을 지배했고, 그때까지 과학에 치우쳐 있던 관심이 철학과 종교 쪽으로 향했다.

대학에서는 이를 좀 더 깊게 공부하려고 교토대학 철학과에 진학했지만, 학과 공부에 그다지 재미를 느끼지 못하고 졸업 전에 대학을 그만두게 된다. 현세에 거리를 두고 자신에 대한 탐구를 계속하기 위해, 고등학교 시절 영평사에서 신세를 졌던 사람이 부주지를 맡은 교토의 절로 출가했고 그곳에서 영평사로 수행을 하러 갔다. 그러나 영평사는 실제로 조동종 절의 스님이 되기 위한 면허를 취득하는 장소였기에 모든 행동 하나하나가 엄격한 규칙으로 묶여 있었고 차분히 명상할 시간조차 없었다.

그런 영평사에서의 생활에 답답함을 느꼈던 위마라 씨는 새로운 수행길을 찾아서 1년간 전국을 유랑한다. 그렇게 해서 북규슈 시(北九州市)에 있는 미얀마 불교 절에 도착했다. 거기에서 위마라 씨가 가장 놀란 것은 기본적인 8가지 계율을 지키는 것 이외에는 자유롭게 명상해도 되는 점이었다.

무중력 공간에 갑자기 던져진 듯한 느낌을 받은 위마라 씨는, 자신이 속박을 싫어하면서도 지금까지 얼마나 스케줄에 매달리며 살아왔는지 깨달았다. 세간의 틀에 박힌 것이 아닌, 자신의 독자적인 리듬을 찾기까지 3개월가량이 걸렸지만, 1년 후에는 마치 서퍼처럼 그 리듬의 파도를 타는 기술을 익힐 정도가 되었고, 명상의 효과도 피부로 실감했다고 한다.

그렇게 1년간의 밑바닥 생활을 거친 후 이번에는 진짜 미얀마로 건너갔다. 위마라 씨는 26년 전, 그곳에서 정식 승려가 되었을 때의 일을 지금까지도 잊을 수 없다고 한다. 그날, 몇십 명의 승려가 자신을 위해 모였고 승려가 되기 위한 의식이 거행되는 동안 주위에서 한마음으로 불경을 외워주었다.

그때 승려들의 목소리를 들으면서 위마라 씨는 '나는 승려가 되기 위해 태어난 거였어'라고 확신했다고 한다.

'위마라'라는 이름의 '위'는 '떨어지다', '마라'는 '더러움'을 뜻한다고 하는데, '진흙 속에 뿌리를 내리고 물 위에 꽃을 피우는 연꽃과 같이 더러움을 마다하지 않고 그 안에 들어가 배워야 한다'라는 의미를 이름에 담아 그 무렵 지었다고 한다. 그는 그 의미를 잊지 않도록 승적을 떠난 현재도 그 이름을 계속 사용하고 있다.

미얀마에서 돌아온 위마라 씨는 경전과 해설서를 번역하면서 명상 지도를 시작했다.

그 후, 캐나다에 건너가 스리랑카 불교 커뮤니티에서 지내게 되는데, 그곳 사람들과 백인들의 요청에 응해서 명상을 가르쳤다. 하지만 이것이 위마라 씨 안에서 커다란 갈등을 만들어냈다. 미얀마와 스리랑카의 불교는 엄격한 계율을 중요시하는 소승 불교에 속하고, 백인이 당연시하는 악수라는 행위조차 금지되었다. 또한 선생님이 학생을 대하는 방식이 권위주의적이었고, 양자 간에 진정한 교류라는 것은 없었다.

위마라 씨는 백인 학생들을 접하면서 '좋은 스승이기 전에 좋은 친구가 되고 싶다'는 생각을 차츰 하게 되고, 이 생각이 점점 깊어져 급기야는 잘 못된 법도인 악수를 해버렸다.

'저는 그때 살아 숨 쉬고 있다는 감각을 처음으로 알았고, 너무나 감동한 나머지 눈물을 흘렸습니다.'

중요한 것은 형식이 아니라 생명이 서로 통하는 감각이며, 그것이야말로 진리다. 한 번의 악수를 계기로, 위마라 씨 안에 그런 신념이 싹트기 시작했다. 그때까지는 전통과 계율을 중요시한 나머지 이 소중한 것을 놓치고 있었다는 사실을 깨달았다고 한다.

"약 10년 전, 미얀마에서 승려가 되는 의식을 받았을 때, 나는 승려가 되기 위해 태어났다고 그렇게나 강하게 느꼈으면서 이번에는 그것이 저를 속박한다고 느꼈으니, 인생이란 재미있네요."

미국의 어느 불교 연구 센터에서 객원 연구원으로 반년을 보낸 끝에, 위마라 씨는 승적을 떠난다는 일생일대의 결심을 했다. 그리고 명상을 통해 '생명이 서로 통하는 감각'을 세상에 전하는 명상 조력자로서 활동하기 시작했다. 먼저, 인연이 있던 아주머니의 육아 모임을 대상으로 명상회를 여는 것부터 시작했다. 그것을 계기로 명상의 '지켜보는 마음'을 어떻게 육아에 응용할 것인가 하는 주제에 흥미를 갖게 되었다.

얼마 후, 이번에는 지방에서 재택 호스피스를 하는 선생님으로부터 간호에 관한 어려운 케이스에 대해 상담을 받게 되었고, 간호에 어떻게 명상을 도입할 것인가에 대해서도 생각하게 되었다.

간호 현장에 있다 보니, 죽어가는 사람들이 어떻게 태어나고 자라서, 자신을 간호하는 가족을 어떻게 낳아 키워왔는지를 보게 되는데, 그런 체험이 계속되는 동안 위마라 씨는 '육아와 간호는 같은 순환 안에 있다'라고 강하게 느낀다. 그리고 '사람이 태어나고 죽는 것을 자연스럽게 인정할 수 있도록 서포트하는 것이야말로 자신이 태어난 의미가 아닌가' 하는 생각을 하게 되었다고 한다.

마침 그때, 고야산 대학의 부학장이 '스피리추얼 케어'라는 새로운 학과를 개설하려 하는데 협력하지 않겠냐는 생각지도 못한 이야기를 한다. 생로병사에 얽힌 고통의 한가운데에 있는 사람을 어떻게 지원할 것인가에 대한 교육 연구는, 그야말로 위마라 씨가 지금까지 해온 모든 것을 살리면서 더욱 깊이 있게 할 수 있는 너무나 좋은 기회라고 생각해, 이것은 또다시 인생의 큰 전환점이 된다.

고야산 대학은 불교계 대학이기도 해서 절의 상속자 등이 배우러 오는데, 어느 날 교단에 서서 삭발한 머리가 나란히 앉아 있는 교실을 둘러보다가 옛날 미얀마에서 자신이 배운 지혜를 언젠가는 일본에 환원하고 싶다고 생각했던 것을 떠올린다. '아, 그것을 위해 홍법대사(弘法大師, 고야산의 개조)가 나를 여기로 불렀구나' 하고 생각하자 위마라 씨의 볼에 다시 눈물이 흘러내렸다.

위마라 씨는 이렇게 대학에서 일을 통해 명상의 불교학 중에서도 아직 대중적이지 않은 영역인 스피리추얼 케어를 학생들과 함께 개척할 수 있는 기쁨을 느끼면서도 그것에만 매달려 있지는 않는다고 한다.
"앞으로도 사람이 자연스러운 형태로 생명과 마주하고, 생명이 서로 통하는 감각을 되찾아 편하게 살 수 있도록 명상이라는 바이러스를 퍼트리고 싶습니다."

제2장

순수 의욕

'하고 싶은 일'을 왜
직업으로 삼지 않는가

하고 싶다는 마음은
어디에서 오는가?

자기 삶의 목적을 탐색한다

이런 말을 들어도, 지금까지 삶의 목적 같은 것에 대해 생각해본 적이 없는 사람이라면 도대체 어디서부터 어떻게 손을 대야 할지 막막할 것입니다. 명확한 답이 나와 있는 것도 아니고, 누군가가 가르쳐주는 것도 아니기에 '당신의 삶의 목적은 무엇입니까'라는 질문을 갑자기 받으면 대부분 곤란해합니다.

하지만 걱정하지 않아도 됩니다. 제대로 된 힌트가 있기 때문입니다.

그 힌트는 바로 우리 모두의 마음속에 있습니다.

당신은 지금까지 무언가에 몰두했던 적이 있나요? 그것은 어떤 스포츠일 수도 있고, 악기 연주일 수도 있습니다. 또는 우표 수집, 그림

그리기, 영화 관람일 수도 있습니다.

　사람마다 무언가에 몰두한다는 상태에 대한 정의는 다르겠지만, 알고 보면 항상 자연스럽게 하고 있었거나, 누가 재촉하지 않아도 스스로 했던 것 등을 포함해서 생각해보십시오.

　현재의 자신을 돌아보고 바로 생각나는 것이 없더라도, 어린 시절까지 거슬러 올라가다 보면 아주 짧은 시간이나마 당신을 사로잡았던 것이 분명히 있을 것입니다. 그때 당신은 아마도 '이게 하고 싶어' 또는 '이게 좋아'라는 순수한 마음으로 몰두했을 것입니다.

　그렇다면, 그런 마음은 도대체 어디에서 오는 것일까요?

　사람마다 하고 싶은 일과 좋아하는 것은 다릅니다. 왜 그렇다고 생각하시나요? 왜 모두가 같지 않을까요?

　어떻게 보면 참 신기한 일입니다. 무언가에 몰두했을 때는 나중에 정신을 차리고 나서야 알게 됩니다. 처음부터 '좋았어, 나는 이제부터 ○○에 몰두하겠어!'라고 결정한 후에 빠져들지는 않습니다. 물론 어떠한 계기가 있었겠지만, 그 계기조차 내 의도와는 상관없이 어느 날 갑자기 당신을 찾아오지는 않았습니까?

　예를 들면, 어쩌다 부모님을 따라 발레를 관람한 것이 계기가 되어 발레를 배우기 시작하고 점점 빠져들었다든가, 어쩌다 친구가 다 읽은 추리 소설을 빌려주어서 읽었다가 그 재미에 빠져드는 것 등이죠.

　그렇다면 앞서 말한, '나는 이것이 하고 싶어'라는 마음이 어디에서 오는지에 대한 대답은 결국 '모른다'가 맞는 걸까요? 아니면, 그야말로 '어쩌다'라든가 '그저 우연히'가 되는 걸까요?

그런 답도 있겠지만, 의미 없게 느껴질 수도 있을 것입니다.

그래서 저는 이렇게 생각하기로 했습니다.

'내가 진심으로 무언가를 하고 싶다는 이 마음은, 틀림없이 신이 나에게 준 선물이다.'

신이라는 단어에 거부감이 있다면 하늘이라도 좋고, 우주라도 좋고, 창조주나 위대한 존재, 무엇이든 상관없습니다. 사람의 지혜를 뛰어넘는 어떠한 힘이 움직여서, 내 안에 그런 마음이 싹텄다고 생각하면 왠지 모르게 미스터리하고 즐거울 테니까요.

내 인생을 바꾼 생각

제가 그런 생각이 들기 시작한 것은 미국으로 유학을 하기 위해 다니던 회사를 그만두어야 하는가 하는 갈림길에 서 있던 20대 후반 무렵이었습니다. 대학 시절부터 막연히 '유학을 하고 싶다'는 생각을 줄곧 해왔습니다. 매일같이 유학하고 싶다고 생각한 것은 아니었지만, 사회에 나와 회사에서 바쁘게 일하면서도 항상 마음 한구석에는 그런 생각이 있었습니다.

하지만 왜 유학을 하고 싶었던 걸까요? 스스로도 정확히는 모르고 있었습니다. 굳이 생각해본다면, 어렸을 때 아버지 일로 4년 정도 영국에서 살았던 경험과 학생 시절에 대학을 1년간 휴학하고 '워킹 홀리데이' 제도로 호주에서 일했던 경험이 있어 해외 생활을 지향하게 됐다는 그럴싸한 이유를 들 수는 있습니다. 하지만 마찬가지 경험을 한 사람들 모두가 유학을 하고 싶다고 생각하는가, 하면 절대 그렇지는 않을 것입니다.

아무리 생각해봐도 '유학을 하고 싶어서'라는 정말 '유치한' 대답 밖에 떠오르지 않았습니다. 실제로 다니던 회사에도 매년 영어시험과 소논문, 그리고 임원 면접에서 합격한 소수 인원을 선발해서 해외 대학으로 유학을 보내주고, 그 모든 비용은 회사가 부담하는 '해외 유학 제도'가 있었습니다. 그러나 저는 항상 임원 면접에서 '네가 왜 유학을 하려는지 모르겠다'며 계속 떨어졌습니다.

물론, 매번 나름대로 이유를 생각해서 열심히 설명했지만, 대기업 의 임원 정도가 되면 앞뒤가 맞지 않는 이유로는 쉽게 납득시킬 수 없습니다. 결국 5번 도전에서 모두 불합격이라는 통지를 받았습니다.

결국 회사에서 보내주는 것은 포기하기로 하고 회사를 그만둔 후 사비로 가는 것을 생각하기 시작했던 것입니다. 하지만 막상 일이 닥치니 무서웠습니다. 저금이 충분하지도 않았고, 만약 간다고 해도 미래가 어떻게 된다는 보장도 없습니다.

제가 가려고 했던 대학은 유명한 곳도 아니었고, 배우고자 하는 것 역시 취직에 유리하다는 MBA(경영학 석사 과정)가 아니었기 때문에, 졸업 후의 일을 생각하면 더욱 불안한 상황이었습니다. 그런 위험을 무릅써야 한다면 차라리 유학을 하고 싶다는 마음을 통째로 억누르는 편이 더 낫지 않을까 하는 생각에 잠 못 이루는 밤을 보냈습니다.

'하지만 혹시 이 유학에 대한 마음이 신이 준 선물이라면…' 하는 생각이 머릿속을 스친 것은 바로 그때였습니다! 만약 신이 준 선물이라면, 내 불안과 두려움 때문에 이 마음을 억누르면 어떤 의미로는 신에 대한 '모독'이 아닌가 하는 생각이 든 것입니다.

저는 딱히 어떤 종교를 믿는 것도 아닌데 왜 그런 생각이 들었는지는 지금도 모르겠습니다. 하지만 그때는 왠지 그런 생각이 너무나 강하게 들었습니다. 그와 동시에, 신에게 '나는 어떤 존재일까?'에 대해서도 생각했습니다.

지구상에는 약 70억 명 이상의 사람이 살고 있으니, 신에게 나라는 존재는 그저 70억 분의 1의 존재에 지나지 않습니다. 하물며 인간 외의 동식물, 또는 지구 외의 별까지 포함하면 티끌만큼도 되지 않는 존재입니다.

또한 시간상으로 봐도 인류의 역사가 약 20만 년, 지구의 역사는 약 46억 년, 빅뱅설에 따른 우주의 역사가 약 138억 년이라고 하면, 제가 설령 남성의 평균 수명인 80세 가깝게 산다고 해도, 그야말로 눈 깜짝할 순간도 되지 않을 만큼 넛없다는 사실을 깨달았습니다.

'이런 보잘것없는 존재에 지나지 않는 내가, 고작 회사를 그만둘지 말지로 고민하다니, 생각해보면 바보 같은 일일지도 모른다. 하지만 신은 이런 보잘것없는 존재인 나에게도 이렇게 선물을 주었다. 그렇다면 선물을 믿고 과감히 마음 가는 대로 해보자.'

그렇게 생각했을 때, 마치 안개가 걷히듯이 지금까지의 고민이 스르륵 사라졌습니다.

　지금 생각하면 이 결단이 모든 것의 시작이었습니다. 저는 지금까지의 인생 속에서 크고 작은 무수히 많은 결단을 내려왔지만, 이 결단만큼 제 인생에 큰 영향을 미친 것은 없었습니다.

　그리고 '유학을 하고 싶다'라는 마음을 억누르지 않고, 솔직하게 따라가 보니 계속해서 '이것이 하고 싶다', '저것이 하고 싶다'라는 마음이 제 안에서 솟아났습니다. 마치 땅속 깊이 잠들어 있던 마그마가 한꺼번에 땅 위로 분출하는 듯한 감각이었습니다. 이 표현이 과장되게 느껴진다면, 수도꼭지를 틀었을 때 한꺼번에 물이 쏟아져 나오는 듯한 느낌이었다고 할 수도 있겠습니다.

순수 의욕에
이유는 필요 없다

저는 이렇게 내면 깊은 곳에서 솟아오르는 '하고 싶다'라는 마음을 '순수 의욕'이라 부릅니다. 왜 굳이 '순수'라는 말을 붙였을까요? 그것은 사람들이 일반적으로 '의욕'이라고 하는 것에는 순수하지 않은 의욕이 많이 섞여 있기 때문입니다.

그럼 어떤 의욕이 순수하지 않은 것일까요? 예를 들면, '누군가가 그렇다고 해서', '다른 사람이 하고 있으니까', '그게 더 멋있으니까'와 같이 '다른 사람의 시선'을 신경 쓰는 것입니다. 그런 의욕의 바닥에는 항상 불안과 두려움이 있습니다. '싫어하면 어쩌지', '바보 취급당하면 어쩌지', '인정받지 못하면 어쩌지' 하는 마음이 숨어 있습니다.

그러나 순수 의욕은 그렇지 않습니다. '이유는 모르지만 어쨌든 하고 싶어. 다른 사람이 뭐라 하든 하고 싶어.' 그것이 순수 의욕입니다. 뭔가 다른 목적을 달성하기 위한 수단으로 하려는 것이 아닌, 그것을 하는 것 자체가 이미 목적인 의욕입니다. 왜 하고 싶은지 물어도 대답할 수 없다는 의미로, 그것은 '이유 없는 의욕'이라고 부를 수 있을지도 모릅니다.

재미있는 것은, 이런 의욕은 대부분 세상의 상식과 주변 사람의 기대에 반하는 것이 많습니다. 그렇지 않았다면 훨씬 옛날부터 이미 모든 사람이 순수 의욕에 따라 살았을 것입니다.

저 역시 회사를 그만두고 유학을 하겠다고 하자 부모님과 친구들이 모두 "너무 무모하다"라고 말하며 반대했습니다. 유학 가고 싶은 마음은 알겠지만, 회사에도 유학 제도가 있으니 어떻게든 합격해서, 회사 비용으로 가는 것이 좋겠다고 말했습니다.

저 자신도 물론 그게 좋다고는 생각했지만, 이미 5번이나 도전했다가 떨어졌기에 더 이상은 기다릴 수 없었고, 기다려봤자 언제 갈 수 있을지 몰랐기에 '이 순수 의욕에 걸어보자'라고 생각한 것입니다.

순수 의욕은 어떤 의미로는 연애와 많이 닮았습니다. 우리가 누군가를 좋아하게 되었을 때 '왜 그 사람이 좋아?'라고 물으면 처음에는 '멋있어서', '예뻐서', '자상해서'와 같은 대답을 합니다.

하지만 '그 사람 말고 그런 사람이 주변에 없었어?'라고 추궁당하다 보면 마지막에는 '좋아서 좋아하는 거야'라는 이유 없는 세계에 도착하게 됩니다.

처음부터 '좋았어, 이 사람을 좋아해야지!'라고 정한 후에 사람을 좋아하는 사람은 없습니다. 자신도 모르게 그런 마음이 스며들고, 어느 날 갑자기 내가 그 사람을 사랑한다고 깨닫는 것이 일반적이지 않을까요?

영혼을 갉아먹는 의욕,
영혼이 충만해지는 의욕

여기에서는, 제가 세상에는 순수 의욕과 그렇지 않은 의욕이 있다는 것을 실감한 에피소드를 소개하고자 합니다.

제가 미국 유학 생활을 한 지 2년 정도 지났을 때의 일입니다. 그날 저는 막 완성한 '천직창조 세미나'를 현지에 사는 일본인들을 대상으로 처음 실시했습니다. 세미나에 온 어떤 20대 초반의 여성이 자신을 소개할 때 굳은 표정으로 다음과 같이 말했습니다.

'사실 저는 어떤 일을 하고 싶은지 정확하게 알고 있어요. 학교 영어 선생님이 되고 싶거든요. 그래서 영어를 공부하기 위해 미국에 왔어요. 오늘은 친구에게 억지로 끌려서 왔는데, 저에겐 크게 도움이 되지는 않을 것 같아요.'

어쨌든 저도 그날이 세미나 첫날이었기 때문에, 그런 말을 듣고 당황했지만, "'재확인이라 생각하시고, 아무튼 오늘 하루 잘 부탁드립니다'라고 정중하게 말씀드렸습니다.

그리고 어찌어찌 예정대로 1일 프로그램을 마친 후, 마지막으로 참가자분들의 세미나에 대한 감상을 듣는 순서가 되었을 때, 그 여성이 오전과는 전혀 다른 밝은 표정으로 다음과 같이 말했습니다.

"오늘 아침에 그런 말을 했지만, 저 사실은 음악을 하고 싶어요. 그것도 가능하면 라이브 하우스를 경영하고 싶어요."

영어 선생님에서 라이브 하우스 경영자로 바뀐 이 엄청난 변화에 흥미를 느끼고 나중에 개인적으로 이야기를 듣기로 했습니다. 그때, 그녀는 다음과 같이 이야기했습니다.

"사실 학교 선생님은 제 꿈이 아닌 제 어머니의 꿈이었어요. 제가 철이 들 무렵부터 '너는 어른이 되면 학교 선생님이 되는 거야. 그게 여자인 네가 행복하게 살 수 있는 최선의 길이니까'라는 말을 계속하셨어요. 그러다 보니 그것이 마치 저 자신의 꿈처럼 되었고, 오늘에 이르렀어요."

그녀의 이야기는 어쩌면 극단적일 수도 있습니다. 하지만 많든 적든 이런 비슷한 일이 우리 주변에서도 일어나고 있지 않을까요? 순수하지 않은 의욕을 따르면 어떻게 될까요? 이 또한 위에서 말한 여성의 이야기가 참고될 것입니다.

그녀는 어린 시절부터 음악 감상을 좋아했지만, 방에서 음악을 듣고 있으면 어머니가 들어와 "너, 도대체 무슨 쓸데없는 짓을 하고 있는 거니?"라며 꺼버렸다고 합니다. 그 이후 그녀는 음악을 듣는 것이 뭔가 나쁜 짓을 하는 것만 같아서 좀처럼 듣지 않게 되었습니다.

표3 순수 의욕과 순수하지 않은 의욕

순수 의욕	순수하지 않은 의욕
이유가 없다	이유가 있다
자체가 목적	다른 무언가의 수단
자연스레 샘솟는다	두려움과 불안이 바탕에 있다
영혼이 충만해진다	영혼을 갉아먹는다

그녀가 제 세미나에 참가했을 무렵, 그녀는 계속 원인도 모르게 몸 상태가 좋지 않아서 고민이었는데, 세미나에서 자신의 음악에 대한 열정을 떠올리고 다시 음악을 들었더니 몸이 너무나 좋아졌다고 합니다.

이것 역시 극단적인 이야기일 수도 있지만, 확실히 저 자신의 경험을 되돌아봐도 순수하지 않은 의욕에 사로잡혀 있을 때는 분명 열심히 살고는 있지만, 왠지 영혼이 갉아 먹히는 기분이었습니다. 반대로 순수 의욕을 따르면 조금씩 영혼이 충만해지는 느낌이 듭니다.

따라서 당신이 지금 하려는 일이 순수 의욕인지 그렇지 않은지를 알기 위한 하나의 바로미터는 당신 자신의 몸과 마음에 있다고 말할 수 있을지도 모릅니다.

일을 하는 지금, 당신의 영혼은 충만해지고 있습니까? 아니면 영혼이 갉아 먹히는 느낌이 듭니까?

해봅시다 ①

당신에게 순수 의욕은 무엇입니까? 생각나는 모든 것을 노트에 써봅시다. 생각나지 않을 때는 다음 문장의 공란에 맞는 것을 생각해보세요.

'나는 _____하고 싶다.'
'나는 _____하는 것을 좋아한다.'
'나는 _____하고 있으면 즐겁다.'
'나는 _____이 흥미롭다.'
'나는 계속 _____하고 있어도 질리지 않는다.'
'나는 나도 모르게 _____ 하고 있을 때가 있다.'

혹시 현재형으로는 잘 생각나지 않는다면, 어린 시절까지 거슬러 올라가서 과거형으로 생각해보세요. 가족이나 친구에게 물어봐도 좋습니다.

마음의 샘물을 찾다

제 세미나에서는 참가자들이 각각 자신의 순수 의욕을 찾기 위해 몇 가지 연습을 합니다. 순수 의욕을 지하수에 비교한다면, 그것을 찾아내기 위해 우물을 몇 개 정도 파는 것입니다(그림 2 참조).

만일 참가자 중 누군가가 수맥을 찾으면 바로 알 수 있습니다. 표정이 갑자기 밝아지기 때문입니다. 물론 반드시 찾아내는 것은 아니지만, 그런 경우에도 그 사람에게 순수 의욕이 없는 게 아니라 우물을 파는 장소가 조금 어긋났거나 조금 얕게 판 것에 지나지 않습니다.

세미나라는 비일상적인 환경 속에서 인공적으로 수맥을 찾는 것도 유효하지만, 더욱 확실히 수맥을 찾는 방법은 이른바 '샘물'을 찾는 것입니다. 여기서 샘물이란 빗댄 말로, 현실의 의미로 보자면 우리가 매일 일상적으로 느끼는 '하고 싶다'라는 작은 마음을 말합니다.

예를 들어, 당신은 지인의 권유로 아는 사람이 거의 없는 파티에 가게 되었습니다. 옷을 갈아입으려고 할 때, 당신은 본래 원색 계열의 옷을 좋아하지만, 처음 만나는 사람에게 '화려한 사람'이라는 인상을 주기 싫어서 무난한 옷을 선택하지는 않습니까?

아니면, 그곳에서 알게 된 몇 사람과 식사를 하게 되어 누군가가 "먹고 싶은 거 있어요?"라고 당신에게 물었을 때, 당신은 소고기가 너무 먹고 싶어도 '매력 없는 여자'로 보이기 싫어 "아무거나 괜찮아요"라고 말하지는 않습니까.

그림 2 마음의 샘물을 찾다

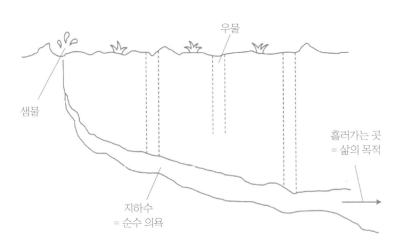

이것은 남성도 마찬가지입니다. 약간의 컬러가 들어간 셔츠를 입고 싶지만, 중요 거래처의 담당자에게 '상식이 없는 사람'이라는 인상

을 줄까 봐 어쩔 수 없이 평범한 하얀색 와이셔츠를 입고 가지는 않나요? 그 담당자가 미팅 후의 식사에 초대해 "어떤 것을 드시겠어요?"라고 물었을 때, 샤부샤부 뷔페에 가고 싶지만 '먹는 데 환장했군'이라고 생각되는 것이 싫어서 "딱히 먹고 싶은 건 없어요"라고 대답하지는 않습니까.

예의를 차리는 게 나쁘다는 것이 아닙니다. 그저 주의해야 할 것은, 그럴 때 '붉은 옷을 입고 싶다'라고 생각하면 안 된다, 또는 '샤부샤부가 먹고 싶다'라고 생각하면 안 된다 등과 같이, 자신 안에 싹튼 의욕 자체를 억누르기 쉽다는 것입니다.

아무리 작은 것이라도 내 안에 싹튼 의욕에 나름의 경의를 표한 후에 '하지만 이번에는 예의를 차리겠어'라고 의식적으로 선택할 필요가 있다고 생각합니다.

이런 사소한 이야기를 하는 이유는 저는 순수 의욕의 작은 것부터 큰 것까지, 얕은 것부터 깊은 것까지, 그야말로 지하수처럼 어딘가로 이어질 것이라 생각하기 때문입니다. 매일 일상적으로 작은 의욕을 아무렇지 않게 억압하다 보면 나도 모르는 사이에 더 깊고 큰 의욕까지 함께 억누르기 쉽다는 것입니다.

처음에는 작은 샘물에 지나지 않았던 것에 제대로 의식을 집중하면 나중에 시냇물이 되고, 강이 되어 기세 좋게 흘러갈 수도 있을 것입니다. '마음의 수도꼭지를 조금 열어둔다'고 말해도 좋을지 모릅니다.

덧붙이자면 그림 2에서는 순수 의욕을 나타내는 지하수가 흘러가는 곳이 삶의 목적을 나타내고 있습니다. 즉, 이 그림은 '하고 싶다'라는 마음, 설령 그것이 일상적이고 아주 작은 것이라 해도 가능한 한 따르다 보면 어느샌가 자기 삶의 목적에 도착한다는 것을 나타내고 있습니다.

순수 의욕에서
삶의 목적으로

제 경우에는 앞에서 말한 바와 같이 무작정 유학을 하고 싶다는 순수 의욕을 따라서 미국으로 건너갔지만, 그것은 제 삶의 목적을 깨닫는 첫걸음에 지나지 않았습니다.

제가 유학을 하러 가서 대학원에서 전공한 것은 '조직 개발'이라는 분야로, '조직에서 일하는 사람들이 활력 있게 일하기 위해서는 어떻게 해야 하는가'에 대해 연구하는 것이었습니다. 그것은 일에 대해 생각하고자 했던 제 흥미와 관심에 '딱 들어맞는다든가 딱히 동떨어지지도 않은' 느낌이었습니다.

염원이 이루어져 드디어 유학을 왔다는 기쁨에 젖은 것도 잠시, 1학기가 끝날 무렵에는 하고 있던 공부에 무언가 빠진 느낌이 들었습니다. 2학기 때 어떤 수업을 들을지 학교에서 받은 수업 일람표를 보다가 '하고 싶은 것을 하면서 잘 먹고 잘살기'라는 독특한 강의명이 눈에 띄었습니다. 사실 이 수업은 조직 개발 학부의 수업이 아닌, 옆 학부의 수업이었지만, 다행히도 이 대학원에서는 학부에 상관없이 비교적 자유롭게 수업을 들을 수 있었기 때문에 바로 신청했습니다.

클로드 위트마이어 교수님이 수업을 담당하셨는데, 교수님 역시 소위 학자라기보다는 프리랜서로 기업 컨설팅을 하는 분이었습니다. '도대체 어떤 수업일까' 흥미를 가지고 들어보았는데, 생각한 것보다 너무나 재미있었습니다. 내가 공부하고자 했던 게 바로 이런 것이었다는 새로운 순수 의욕이 싹튼 것입니다.

'이 교수님께 더 배우고 싶다'고 생각한 저는 해당 학기를 끝으로 대학원을 퇴직할 예정이었던 위트마이어 교수님을 찾아가 '개인 수업'을 부탁했습니다. 개인 수업은 스스로 주제와 교수님을 선택하고, 그 교수님과 맨투맨으로 수업하는 이 대학원 특유의 시스템으로, 반드시 대학원의 교수님을 선택할 필요도 없고, 스스로 설정한 과제를 모두 마쳤다고 대학원 측이 인정하면 학점을 받을 수 있었습니다.

그 이후, 저는 이 시스템을 최대한으로 활용해 위트마이어 교수님께 개인적으로 가르침을 받게 되었습니다.

교수님과의 개인 수업을 통해 이 책에서 소개하는 천직창조라는 개념의 골격이 완성되었을 무렵, 교수님께서 "너는 항상 혼자서 공부하니까 가끔은 다른 사람들에게 네가 생각하는 바를 말해보는 것도 좋을 거야"라고 하시며 교수님의 제자들 모임에 저를 데려가 주셨습니다.

그 자리에서 제 생각을 발표할 기회가 생겨 '일본에 귀국하면 이 사고방식을 토대로 한 명이라도 많은 사람이 더욱 즐겁게 일할 수 있도록 지원하고 싶습니다'라고 이야기했습니다.

그러자 그 모임이 끝나고 돌아가려고 할 때, 한 남성이 다가와 "당신 혹시 코칭이라는 것에 대해 알아요?"라고 물었던 것입니다. 어쩌면 내가 하려는 일에 틀림없이 도움이 될 거라고 생각한 듯이, 그 코칭을 가르치는 CTI라는 회사의 연락처를 알려주었습니다.

그때는 바로 깨닫지 못했지만, 나중에 대학원 동기 집에서 열린 홈 파티에 참가했을 때, 그곳에서 만난 처음 보는 남성에게 제가 미래에 하고 싶은 일에 관해 이야기하니, 그 남성 역시 "내가 지금 CTI라는 곳에서 코칭을 배우고 있는데…"라는 이야기를 꺼냈습니다.

무언가 의미가 있을 것이라는 생각이 들어서 바로 CTI가 하는 코칭의 첫 코스를 신청했습니다. 실제로 그 코스를 들어보니 '이거야말로 내가 찾아 헤매던 것이다!'라는 느낌이 들었고, '코칭을 더 공부하고 싶다'는 순수 의욕이 더욱 솟아났습니다. 바로 다음 코스를 신청하고, 그 후에는 대학원 수업은 뒷전으로 하고(위트마이어 교수님과의 개인 수업은 제외하고), 코칭 공부에 빠졌습니다. 이 수업은 1990년대 초부터 유럽과 미국을 중심으로 퍼진, 인간의 가능성을 이끌어내는 것을 목적으로 하는 커뮤니케이션 수법으로, 이 프로그램을 이수하면 개인과 조직을 지원하는 '코치'로 활동할 수 있었습니다.

CTI는 전문 코치를 양성하는 교육 기관의 창시자 격인 존재로, 저역시 훗날 자격을 따고 소위 코칭을 직업으로 삼게 됩니다. 그리고 그무렵 '사람이 지닌 가능성을 최대한으로 발휘할 수 있도록 지원한다'라는 것이 저의 삶의 목적이라고 명확하게 인식하게 되었습니다.

이렇게 보면 '유학을 하고 싶다'라는 순수 의욕을 따른 결과, 계속해서 새로운 순수 의욕이 솟아나고, 그것들을 따르다 보니 결국에는제 삶의 목적에 도래할 수 있었습니다. 그런 의미에서 이유는 모르지만 제 마음에 싹튼 '유학을 하러 가고 싶다'라는 마음은, 저에게 있어정말 큰 '선물'이었습니다.

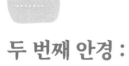

두 번째 안경 :
일 = 인내

물질의 시대에는 '일은 해야 하니까 하는 것'이라는 사고방식이 상당히 많았던 것 같습니다. 다르게 말해서 '힘들지 않으면 일이 아니다'라고 생각하는 사람들이 많았던 것입니다. 그런 사람들은 회사 상사나 고객에게 할당받은 일을 싫어도 해내야 하는 것이 일이며, 하고 싶은 일을 하는 것은 '취미'에 지나지 않는다고 주장합니다. 급여는 고통의 대가라는 것입니다. 즉, 그들에게 급여란 '인내비'인 것입니다.

지금은 예전에 비하면 그렇게까지 극단적으로 공공연하게 말하는 사람들은 많이 적어졌지만, 그래도 여전히 계속 그런 생각을 하는 사람이 많은 것 같습니다. 실제로 '하고 싶은 일'과 '직업'을 하나로 연관시키는 것에 크게 거부감을 느끼는 사람들은 아직도 많습니다.

그렇다면 왜 우리는 '하고 싶은 일을 한다'라는 것에 대해 거부감을 느끼는 것일까요?

그 이유 중 하나는 일본 특유의 문화적 풍토가 관계되어 있다고 생각합니다. 일본에는 전통적으로 타인과 다른 것보다 타인과 같은 것을 좋아하는 이른바, '동등 의식'이 뿌리 깊게 존재한다는 이야기를 자주 듣습니다.

하지만 앞에서 지적한 바와 같이, 하고 싶은 일은 사람에 따라 천차만별입니다. 모든 사람이 각자 하고 싶은 일을 하면 할수록, 서로의 차이는 확실해집니다.

즉, '하고 싶은 일을 한다'라는 것은 일본인의 의식 속에 깃든 동등 의식과 완전히 역행하는 개념인 것입니다. 일본에는 마을 전체가 특정인을 집단으로 따돌리는 것을 뜻하는 '무라하치부(村八分)'라는 말이 있는데, 예전의 일본 농촌 사회에서는 사람들과 다른 일을 하는 것은 그야말로 '죽음'을 의미했습니다. '튀어나온 못이 정을 맞는다'라는 속담도 그런 일본의 문화적 풍토를 상징한다고 할 수 있을 것입니다.

여기에서 잠깐, 여러분의 인생을 되돌아봐주십시오. 인생의 어느 시점에서 여러분이 어떤 하고 싶은 일을 하려 했을 때, 주변 사람들에게 이런 말을 들은 적은 없습니까?

"하고 싶은 일을 하는 건 이기적이다."
"하고 싶은 일을 하면 타인에게 폐가 된다."

이런 이야기를 반복해서 듣다가, 우리는 '하고 싶은 일을 하면 안 되는 거구나' 하고 자연스럽게 배운 것입니다.

하고 싶은 일을
하지 않는 것이야말로 이기적?

하지만 과연 그럴까요? 정말로 하고 싶은 일을 하는 것이 이기적이고, 타인에게 폐를 끼치는 일일까요? '좋아서 하는 일이야말로 잘할 수 있다'라는 속담이 있습니다. 이것은 '사람이 자신이 하고 싶은 일을 할 때, 그 사람이 가진 능력이 가장 발휘된다'라는 의미입니다.

생각해보면 세계적으로도 일류라고 불리는 사람들은 그 일을 좋아해서 하는 경우가 대부분입니다. 야구를 싫어하는데 프로 야구선수가 된 사람은 없고, 피아노를 싫어하는데 유명한 피아니스트가 되었다는 사람도 없습니다.

프로 야구선수는 갈고닦은 화려한 플레이로 관객을 매료시키고, 유명한 피아니스트는 세련된 아름다운 멜로디로 청중을 감동시킵니다. 관점을 바꿔 생각해보면 사람은 자신이 진심으로 하고 싶은 일을 할 때 폐를 끼치기는커녕, 오히려 타인에게 가장 큰 공헌을 할 수 있다고 할 수 있습니다.

이렇게 보면, 하고 싶은 일을 할 용기가 없어서 아예 억압해버리는 쪽이 오히려 '이기적'이라고 볼 수도 있습니다. 왜냐하면 그로 인해 어쩌면 많은 사람들이 혜택을 누릴 수도 있기 때문입니다.

이것이 두 번째 안경입니다. 즉, 물질의 시대에는 '해야 하니까 하는 일'이 일이라는 생각이 지배적이었지만, 정신의 시대에는 반대로 '하고 싶은 일을 하는 것'이 일이라고 생각을 바꿀 필요가 있습니다.

자신의 마음 깊은 곳에서 자연스럽게 솟아오르는 '하고 싶다'라는 마음, 이른바 순수 의욕에 솔직하게 따르면 자신이 가진 가능성을 최대한으로 발휘하는 것으로 이어지고, 그것은 나아가서는 세상을 위하고 사람을 위하는 일이 되고, 스스로도 자기 삶의 목적을 강하게 느낄 수 있게 되는 것입니다.

그럼 지금 이 책을 읽는 여러분의 반응은 어떨까요? 의문이나 반론을 할 때, 때에 따라 분노와 같은 감정이 생겼다면 정말 좋은 기회입니다. '옳다, 그르다'라는 흑백논리로 판단하기 전에, 자신이 왜 그런 반응을 보이는지 잠시 생각해보세요.

물론, 제 생각이 옳다는 것이 아닙니다. 여기에 서술한 내용은 모두 제 이야기에 지나지 않으니까요. 그렇다면 제 이야기에 반응하는 여러분 마음속에는 어떤 이야기가 흐르고 있을까요?

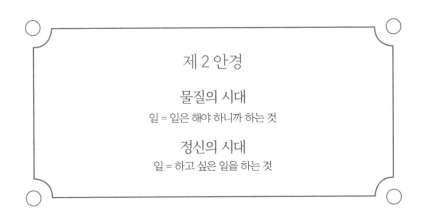

제 2 안경

물질의 시대
일 = 일은 해야 하니까 하는 것

정신의 시대
일 = 하고 싶은 일을 하는 것

사람이 '하고 싶은 일'을
하지 않는 4가지 이유

천직창조 세미나를 하면서 느낀 것은, 4가지 안경 중에서도 두 번째 안경이 가장 강력하며, 풍부한 감정적 반응을 일으킨다는 것입니다.

많은 사람들이 '하고 싶은 일을 한다'라는 것에 거부감을 느끼는 첫 번째 이유는 '동등 의식'에 있다고 지적했습니다. 처음부터 '하고 싶은 일을 해서는 안 된다'라고 생각한다는 것 외에는 어떤 이유가 있을까요?

저는 많은 사람이 하고 싶은 일을 하지 않는, 또는 할 수 없는 이유는 크게 4가지가 있다고 생각합니다(표 4 참조). 첫 번째는 '하고 싶은 일을 하면 안 된다'라는 것이고, 두 번째 이유는 단순히 자신이 무엇을 하고 싶은지 모르는 경우입니다. 하고 싶은 일을 하는 것에 거부감은 없지만, 무엇을 하고 싶은지 모르면 할 수 없습니다.

하지만 대부분 이 2가지 이유가 밀접하게 관련되어 있습니다. 일반적으로 '하고 싶은 일을 모르겠다'라는 사람은 의식을 하든 못하든 상관없이 본인의 순수 의욕을 본인도 모르게 억제하고 있기 때문이며, 억제하는 이유를 찾자면, 어딘가에서 '하고 싶은 일을 하면 안 된다'는 생각이 깊게 뿌리내리고 있을 가능성이 크기 때문입니다. 방해만 하지 않는다면, 대부분의 사람들은 자신이 무엇을 하고 싶은지 마음 깊은 곳에서 이미 잘 알고 있습니다.

이 2가지 장애를 극복하기 위해서는 우선 '하고 싶은 일을 한다'라는 것에 관한 사고방식을 개선하고, 그 후에 마음의 소리에 귀를 기울여 가능한 한 충실하게 따를 필요가 있습니다.

표 4 하고 싶은 일을 하지 않는 4가지 이유

1. 하고 싶은 일을 하면 안 된다고 생각한다.
2. 무엇을 하고 싶은지 정확히 모른다.
3. 하고 싶은 일을 하면서 먹고사는 방법을 모른다.
4. 하고 싶은 일을 할 수 있도록 지원해주는 환경이 없다.

세 번째 이유는, 어떻게 하면 하고 싶은 일을 '현실적으로 할 수 있는가' 하는 것을 모르는 경우입니다. 바꾸어 말하자면, 하고 싶은 일을 하면서 먹고살기 위해 어떻게 하면 좋을지를 모르는 것인데, 이는 당연하다고 생각합니다. 무엇이 하고 싶은지 아무리 잘 알고 실행하려는 의욕을 충분히 가지고 있더라도 현실에 직접 반영할 수 있는 전략이나

방법론이 없으면 누구라도 확신을 가지고 움직이지 못할 것입니다. 이 점에 대해서는 제3장에서 상세하게 다루겠습니다.

마지막으로 네 번째 이유는, 이것은 하고 싶은 일을 할 수 있도록 지원해주는 환경이 자리잡혀 있지 않다는 것입니다. 동등 의식으로 인해 누군가가 하고 싶은 일을 하려고 하면, 안팎으로 그것을 억누르려는 힘이 작용하는 경향이 있습니다. 그것을 뿌리치며 하고 싶은 일을 하려면, 아무래도 '고독한 싸움'이 되어버리기 쉽습니다.

하지만 혼자서 할 수 있는 것은 당연히 한계가 있습니다. 결과적으로는 많은 순수 의욕들이 아직 미숙한 단계에서 짓밟히는 결과를 낳게 됩니다. 이 점에 대해서는 제4장에서 조금 더 자세히 다루고자 합니다.

분모를 분자보다
크게 한다

많은 사람들은 '하고 싶은 일을 한다'라는 것과 '편하다, 또는 그냥 재미있다'라는 것을 혼동하기 쉬운데, 이것들은 비슷하지만, 전혀 다릅니다.

하고 싶은 일을 하면 즐거울 때가 많이 있겠지만, 항상 즐겁기만 한 것은 아닙니다. 하고 싶은 일을 하기 위해서는 많은 사람들이 생각하는 것 이상의 용기와 끈기가 필요합니다.

앞서 말한 프로 야구선수와 유명 피아니스트로 예를 들어보자면, 그들 역시 결코 '즐거운 마음'만으로 지금에 이르지는 않았다는 것쯤은 쉽게 추측할 수 있습니다. 일류가 되기 위해서는 힘든 연습과 크고 작은 여러 가지 시련을 헤쳐나갈 필요가 있습니다. 즉, '하고 싶은 일' 안에도 '해야 하는 일'이 포함되어 있을 가능성이 있는 것입니다. 한편

그러한 괴로움을 충분히 보상하고도 남을 정도의 정신적인 기쁨이 있기 때문에 그들은 시련을 무사히 견뎌낼 수 있었을 것입니다.

여기에서 중요한 것은 '하고 싶은 일'과 '해야 하니까 하는 일' 중 어느 쪽이 더 큰가 하는 것입니다. '하고 싶은 일'을 분모로, '해야 하니까 하는 일'을 분자로 했을 경우, 혹시 분자 쪽이 큰 '불균형' 상태가 된다면, 그것을 끝까지 해내기 어려울 것입니다. 반대로 분모가 커서 '균형 잡힌' 상태라면 상당한 확률로 달성할 수 있습니다(그림 3 참조).

그림 3 분자와 분모

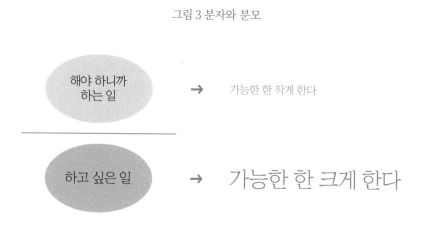

절대로 분자가 더 클 때 분모의 '하고 싶은 일'을 포기하라는 말이 아닙니다. 이런 경우에는 어떻게 분모를 크게 할 것인가, 어떻게 분자를 작게 할 것인가를 생각하면 됩니다.

한 가지 방법으로, 또 다른 순수 의욕과 조합하는 방법이 있습니다. 예를 들면, 제 주변에 '영어 회화를 잘하고 싶다'라고 계속 생각하는 지인이 있었습니다. 그녀는 매일 아침 일찍 일어나 라디오 영어 회화를 듣거나, 퇴근길에 영어 회화 학원에 다니기도 했지만, 차츰 지치기 시작했습니다.

'결국, 나는 그 정도로 영어를 좋아하는 건 아니었나 봐.'

그렇게 포기하려 했을 때, 친구가 영화 DVD를 사용해서 영어 공부를 한다는 이야기를 우연히 듣게 되어 그 방법을 시도해보기로 했습니다. 원래 그녀는 할리우드 영화 팬이었고, 영어에 대한 흥미도 사실 거기에서 시작되었기에 이 새로운 방법은 그녀에게 딱 들어맞았던 것입니다. 그야말로 '물 만난 고기'처럼 영어와 영화라는 2가지 순수 의욕을 잘 조합해 분자를 줄임과 동시에, 분모를 키우는 것에 성공한 것입니다.

고통과 슬픔도
순수 의욕의 원천

순수 의욕은 또한, 언뜻 봐서는 즐거움이나 설렘이라는 기분과 정반대인 '고통'과 '슬픔, 또는 '분노'로부터 오는 경우도 있습니다.

저는 미국 유학 시절부터, 이른바 '천직'을 발견한 사람들이 어떻게 발견할 수 있었는지 연구해왔습니다. 그러다가 '이게 좋아', '이게 하고 싶어'라는 기분을 솔직하게 따른 결과, 천적을 찾은 사람도 물론 많았지만, 고통과 슬픔이 계기가 되어 천직을 찾았다는 사람도 비슷할 정도로, 아니 오히려 그 이상으로 많다는 것을 발견했습니다.

결정적인 계기는 한 신문 기사였습니다. 미국에 유학 가기 직전에 어떤 사건이 일어났으며, 이후 일어난 일에 관한 내용이었습니다. 기억하시는 분도 계실지 모르지만, 1992년 핼러윈에 미국 루이지애나주에 교환 학생으로 방문했던 일본인 고등학생이 실수로 총살당하는 비극적인 사건이었습니다. 사망한 학생의 부모님이 사건이 일어난 후 어떠한 활동을 했는지를 다룬 기사였습니다. 소중한 아들의 존엄한 목숨을 잃은 슬픔이 얼마나 컸을지 상상도 되지 않지만, 그 후 미국에 몇 번이나 건너가 아들의 생명을 빼앗아간 총기를 규제하는 운동을 전개하고, 클린턴 대통령도 만나 부분적이나마 총기 규제를 법제화하기에 이르렀습니다. 미국인조차 하지 못한 위업을 이루어낸 것입니다.

그 기사에는 다음과 같은 부모님의 인터뷰가 소개되어 있었습니다.
'우리는 이 세상을 총기가 없는 안전한 세상으로 만들고 싶습니다.'
기사를 읽고 난 후, '이것 역시 하나의 순수 의욕이 아닐까'라는 생각이 들었습니다. 부모님이 이런 열정을 갖게 된 이유가 명확하다는 점에서 지금까지 말해온 '이유는 모르지만, 이것이 하고 싶다'라는 순수 의욕과 성질은 다르지만, 자체가 목적이며, 사람들의 시선을 신경 쓰거나 사리사욕을 채우고 싶다는 것과는 연관이 없다는 점에서, 이것 역시 훌륭한 순수 의욕이라 할 수 있을 것입니다.

동시에, 이러한 순수 의욕을 바탕으로 한 활동이라는 점에서 그 부모님이 한 총기 규제 운동은 어떻게 보면 '천직'이라고도 할 수 있을 것입니다.
마찬가지로, 나 자신 혹은 가족이 큰 병에 걸린 적이 있는 사람이 나중에 의사를 꿈꾸거나, 공부로 심하게 고생한 경험이 있는 사람이 교육 세계에 몸을 담는 일은 흔한 이야기입니다.

물론, 인생에서 경험하는 모든 고통과 슬픔이 반드시 열정으로 변하는 것은 아니며, 그것이 일로 이어진다고 하면 그 수는 더욱 한정될지 모릅니다. 하지만 천직을 찾은 사람들이 어떻게 그것을 찾아냈는가에 대해 연구를 하면 할수록, 어떤 고통과 슬픔을 경험하고 그것이 계기가 된 사람들이 의외로 많다는 사실에 놀랐습니다.

영어로 '열정'은 '패션(passion)'이라고 하는데, 사실 이 말의 어원은 라틴어로 '고통'을 의미합니다. 이것은 열정과 고통이 사실 표리일체(表裏一體)를 이룬다는 것을 시사하며, 제가 천직을 찾은 사람들의 연구를 통해 느낀 것과 일치합니다.

이 깨달음은 저 자신의 순수 의욕이 어디에서 왔는지를 이해하는 데에도 매우 큰 도움이 되었습니다.

왜 나는 이렇게까지
'일'에 집착하는가?

제가 '일'이라는 주제에 이렇게 집착하고, 굳이 미국으로 사비 유학을 하면서까지 나름의 해답을 찾으려고 한 것은 앞에서 이미 말한 바와 같이 어린 시절부터 지속된 아버지와의 관계가 크게 영향을 미쳤습니다. 회사원이었던 아버지는 일에 관한 이야기가 나오면 대부분 언짢아하셨는데, 거기서 그치면 그나마 다행이었습니다. 아버지는 가끔 갑자기 굉장히 무섭게 화를 내시며 일방석으로 호통을 지실 때도 있었습니다.

그런 아버지를 저는 마치 '종기'라도 만지는 것처럼 대해왔습니다. 아버지를 두려워하고 가끔은 원망했던 적도 있습니다. 다만, 제가 성장하면서 두려움과 원망의 화살은 아버지 자체보다는 아버지를 그렇게 몰아붙이는 일과 회사로 향하게 되었습니다. 그런 마음이 정점에

달한 것은, 대학 시절 아버지께서 그때까지 일하시던 곳의 자회사로 갑자기 이동 명령을 받았을 때였습니다. '이동'이라고 하지만 그것은 좌천이었으며, 아버지가 그 시점에 출세 경쟁에서 졌다는 것을 의미했습니다.

아버지의 낙담은 옆에서 차마 눈 뜨고 볼 수 없을 정도였습니다. 불과 몇 년 전까지만 해도 나이지리아에서 단신 부임을 했었는데, 그때 당시 나이지리아는 정부가 불안정해서 폭동이 자주 일어났습니다. 그렇기에 회사에서 나이지리아의 부임 이야기가 나왔을 때 아무도 가려 하지 않았고, 결국 아버지가 억지로 가게 된 것입니다. 실제로 부임 중에는 가까운 곳에서 폭동이 몇 번이나 일어나 아버지께서는 폭동에 휘말려 칼로 위협당한 일이 있었다고 합니다. 그야말로 '목숨 걸고' 회사를 위해 일해온 아버지에 대한 보상이 고작 '좌천'이었던 것입니다.

저는 이런 불합리한 일에 분노를 느낌과 동시에 일과 회사에 대한 의문이 더욱 커졌습니다.

어찌 보면 제가 나중에 '일에 대해 한 번 제대로 생각해보고 싶다'라며 회사를 그만두고 유학을 했다가, 몇 개월도 되지 않는 기간에 전공인 조직 개발보다 위트마이어 선생님과의 개인 수업에 비중을 더 두고, '한 명이라도 많은 사람이 더욱 즐겁게 일을 할 수 있도록 지원하고 싶다'라는 마음으로 천직창조 세미나를 개발하고, 동시에 코칭을 배워서 결국에는 그것을 일로 삼을 수 있었던 것도 그 바탕에는 어린 시절에 체험한 고통이 있었고, 이와 반대인 '순수 의욕'이 원동력이었던 것을 알 수 있습니다.

지금까지 당신의 인생을 뒤돌아보고 괴로웠던 일, 슬펐던 일을 써보세요.

당신의 어린 시절에 있었던 일일 수도 있고 최근의 사건일 수도 있습니다. 또한, 오랫동안 계속된 일일 수도 있으며, 일시적이었을 수도 있습니다. 시기와 기간은 상관없습니다. 생각나는 모든 것을 써 주세요. 어쩌면 이 작업을 하는 것 자체가 고통스러울 수도 있습니다. 그때는 무리하지 마세요.

모두 작성한 다음에는 고통과 슬픔의 뒷면에, 당신이 순수 의욕을 느끼는 것이 있지는 않은지 살펴주세요. 괴로움과 슬픔을 경험했기 때문에 당신 마음에 싹튼 생각이 있지는 않습니까?

혹시라도 무언가 느끼는 것이 있다면, 괴로움과 슬픔 옆에 그것을 써넣어봅시다.

스스로를 치유함으로써
타인도 치유할 수 있다

그러면 괴로움이라는 '부정적'인 감정을 열정과 순수 의욕이라는 '긍정적'인 감정으로 어떻게 바꿀 수 있을까요?

저는 사람의 영혼은 항상 '완전'을 지향한다고 생각합니다. 우리 안에 '자기 치유력'과 같은 능력이 있어 어떠한 이유로 영혼이 상처받게 되면 스스로 치유하기 위해 그것이 순수 의욕이 되어 나타나는 것은 아닐까 하는 가설을 세우고 있습니다.

이것은 과거에 큰 괴로움과 슬픔을 경험하지 않으면 순수 의욕이 자신 안에 싹트지 않는다는 것이 아닙니다. 무엇이 괴로움일지, 무엇이 기쁨일지는 사람에 따라 다릅니다. 어떤 사람에게는 기쁨인 일이, 다른 사람에게는 괴로움이나 슬픔이 되는 경우도 있습니다.

예를 들어, 당신이 매우 유복한 가정에 태어났다고 가정해봅시다. 다른 사람이 보면 아무 모자람 없는 생활을 하는 것처럼 보일 수 있지만, 당신에게는 그저 지루하게 느껴질 수도 있습니다.

잘 알려진 것처럼, 석가모니도 원래는 고대 인도 어느 나라의 왕자로 태어나 풍요로운 생활을 했지만, 언젠가 성 밖에서 노인과 빈곤, 병을 엿본 것이 계기가 되어 몹시 괴로워하다가, 결국 고귀한 지위를 버리고 정신 수양의 여행을 떠나기로 한 것입니다.

그렇지만, 지금까지의 인생에서 큰 괴로움이나 슬픔을 실제로 체험한 사람에게는, 거기에 순수 의욕의 싹이 있다고는 도무지 생각하지 못할 수도 있습니다.

'그런 경험을 하지 않을 수 있다면, 순수 의욕도 삶의 목적도 다 필요 없어' 이렇게 생각하는 사람들도 있겠지요. 확실히 이미 난 상처를 완전히 치유할 수는 없을지도 모릅니다.

하지만 빅터 프랭클이 남겼다고 전해지는 '인간은 의미를 추구하는 동물이다'는 말을 떠올려주십시오. 즉, 자신이 입은 상처에서 어떠한 긍정적인 의미를 찾아낼 수 있다면, 그 괴로움은 반드시 가벼워질 것입니다.

누구라도 괴로움과 슬픔을 직시하는 것은 어렵습니다. 때에 따라 정신의 균형을 유지하기 위해 의식이 마음대로 방위 메커니즘을 발동시켜 그 일을 떠올리지 않도록 기억의 문을 닫아버리는 경우도 있습니다. 자신에게는 그런 괴로움과 슬픔이 없다고 생각하는 사람도, 사실

이 방어 메커니즘이 작동해 그것들이 떠오르지 않게 되어 있는 것일 수도 있습니다.

이것 역시, 대다수의 사람들이 자신의 순수 의욕에 눈뜨는 것을 방해하는 하나의 요인일 수 있습니다. 우리는 상처를 치유하려는 과정에서 마찬가지 상처를 입은 사람들을 치유하기 위한 도구인, 지혜와 스킬을 익히게 됩니다. 그와 동시에 사람들에 대한 '자비심'도 키우게 됩니다.

더 상냥하게 말하자면, 자신이 같은 괴로움을 경험했기 때문에 그들의 기분과 상태를 잘 이해할 수 있고, 거기에서 빠져나오기 위해 어떻게 해야 하는지 어느 정도 알고 있는 것입니다.

즉, 우리는 '스스로를 치유함으로써, 타인을 치유할 수 있게 된다'라는 것입니다.

신의 직소 퍼즐

'하고 싶은 일을 하는 것이 진정한 일'이라고 하면, '모두가 하고 싶은 일을 하기 시작하면, 세상이 돌아가지 않을 텐데…'라고 반론하는 경우가 있습니다.

'어째서?'라고 물으면 '세상에 꼭 필요하지만 하고 싶지 않은 일을 하는 사람이 없어져버릴 테니까'라고 답합니다. 언뜻 보면 사리에 맞는 의견 같기도 하지만, 여기에도 역시 편견이 있습니다. 비로 '세상에는 사람들이 하고 싶어 하는 일과 하기 싫어하는 일이 있다'라는 편견입니다.

과연 그럴까요? 주위를 자세히 둘러보면, 일반적으로 사람들이 하기 싫어하는 일을 스스로 직업으로 삼은 사람이 많이 있습니다. 대표적으로 마더 테레사(Mother Teresa)를 예로 들 수 있습니다. 잘 알려진 바와 같이, 그녀는 굳이 인도의 슬럼가를 직장으로 선택해서 기아와 병에 괴로워하는 사람들에게 잠깐의 안식을 주기 위해 손을 내밉니다.

그것은 자기희생 위에 성립된 위선이라고 생각할 수도 있지만, 그녀는 일이나 그 일로 접하는 사람들을 통해서 스스로 많은 기쁨을 얻었던 것입니다.

반대로 모든 사람들이 가수가 되고 싶어 하지는 않습니다. 절대 가수가 되고 싶지 않다는 사람도 많습니다. 모두가 정치가나 의사, 스포츠 선수가 되고 싶은 것도 아닙니다. 그런 직업을 사양한다는 사람도 많습니다.

이처럼, 어떤 일이든 그것을 하고 싶어 하는 사람과 하기 싫어하는 사람이 있습니다. 모두가 같은 일을 하고 싶어 한다면 그것이야말로 큰일입니다. 하지만 다행히도 그렇지 않습니다.

왜 그럴까요? 그것은 사람에 따라 순수 의욕이 다르기 때문입니다. 마치 신의 의지가 작동하고 있는 것 같습니다. 세상에 여러 가지 일이 생기는 것처럼, 사람들도 제각각의 순수 의욕이 주어진다고 생각할 수도 있지 않을까요? 그야말로 '하늘의 운명'입니다.

저는 오히려 모든 세상 사람들이 하고 싶은 일을 하는 세계를 꼭 보고 싶습니다. 만약 그런 세계가 실현된다면, 세상은 어떻게 될까요? 그곳에서 사는 사람들은 어떻게 될까요? 저는 이것이 너무 흥미롭습니다.

제가 아는 한, 인류가 그런 세상을 만들려고 했던 적은 유사 이래 아직 한 번도 없었습니다. 하지도 않은 일에 대해 '불가능한 일'이라고 어떻게 말할 수 있을까요? 어쩌면 그것이야말로 신이 바라는 세계일지도 모릅니다.

'모두가 하고 싶은 일을 하면 세상이 돌아가지 않는다'라고 하는데, 그렇다면 과연 지금의 세상은 제대로 돌아가고 있는 걸까요? 저는 그렇지 않다고 생각합니다. 어쩌면 '모두가 하고 싶은 일을 하지 않아서 세상이 제대로 돌아가지 않는 것은 아닐까?' 하는 생각까지 합니다. 어차피 제대로 돌아가지 않는다면, 어떻게 될지는 몰라도 도전해볼 가치는 있지 않을까요?

그 결과, 어떤 세상이 펼쳐질지는 제쳐놓고, 만약 '신의 의지'라는 것이 있다면, 그것은 세상의 모든 사람들이 자신의 순수 의욕에 따르지 않는 한, 절대로 밝혀지지 않을 것입니다.

예를 들어, 우리 모두는 직소 퍼즐의 한 조각이며 각자가 순수 의욕에 따라서 자기 삶의 목적을 느끼며 살아갈 때, 처음으로 그 직소 퍼즐이 완성되고, 신이 원래 어떤 세상을 만들고자 했는지 알 수 있다고 한다면, 어때요? 신이 그린 직소 퍼즐, 당신도 보고 싶지 않나요?

문제가 있는 곳에
'천직'이 있다

마더 테레사와 같은 사례를 보면, 천직은 아무래도 '문제'가 있는 곳에서 생겨나는 경향이 있다는 생각이 듭니다. 마더 테레사의 경우 '슬럼가에 기아와 빈곤'이라는 문제가 있었고, 그것을 보고 마음이 아팠던 마더 테레사의 내면에서 '기아와 병에 괴로워하는 사람들에게 잠시나마 안식을 주고 싶다'라는 순수 의욕이 싹트고, 그곳에서 그녀의 활동이 시작된 것입니다.

이처럼 '문제'에서 '괴로움'이 태어나고, 그 괴로움에서 '순수 의욕'이 태어나고, 그 순수 의욕에서 '천직'이 태어난다는 하나의 흐름이 있는 것 같습니다.

환경 문제가 나날이 심각해지고 있습니다. 많은 사람들은 환경 문제를 막고, 개선하고, 해결하고 싶다는 순수 의욕을 토대로 일하고 있는데, 만일 환경 문제가 존재하지 않았다면 그들의 순수 의욕도, 그것을 형태로 한 직업도 생기지 않았을 것입니다.

최근 인기인 산업 카운슬러라는 직업도, 지금처럼 기업 사회의 불균형이 심해져 심리적·정신적인 괴로움을 호소하는 사람들이 늘어나지 않았다면 절대 주목받지 못했을 것입니다.

어떤 의미에서 보면 굉장히 얄궂게도, 환경 파괴와 기업 사회의 불균형이라는 문제가 있었기 때문에 그들에게 순수 의욕이 생겼고, 이를 천직으로 삼을 수 있었던 것입니다.

제 경우에도, 만약 일에 대해 괴로워하는 사람이 없었다면, 모든 사람들이 하고 싶은 일을 했다면, 그 사람들을 어떻게든 돕고 싶다는 순수 의욕이 싹트지 않았을 것입니다. 그리고 틀림없이 이런 책을 쓰지도 않았을 것입니다. 그야말로 '문제'가 있었기 때문에 스스로의 천직을 찾을 수 있었던 것입니다. 문제는 반드시 문제의 형태를 띠고 있지는 않습니다. 간혹 '필요'라는 형태일 수도 있습니다.

예를 들면, 밤이라 어두워서 아무것도 할 수 없으니 무언가 밝게 하는 것이 필요했습니다. 그렇게 가스등과 전구가 발명되었습니다.

더 빨리 이동할 수 있는 수단이 필요해서 전철과 자동차, 그리고 비행기가 만들어졌습니다. 그것들이 발명되고 실용화되기까지 대부분의 사람들은 '어둡다'든가, '시간이 걸린다'는 것에 '고생'을 했겠지만, 그것을 '문제'라고 생각하지는 않았을 것입니다. 하지만 결정적으로

잠재적인 욕구, 즉 니즈가 있었던 것입니다.

니즈를 좀 더 빨리 감지한 사람들이 덜 고생하고 싶다는 순수 의욕을 행동으로 옮겨서 니즈를 충족할 만한 물건이나 서비스를 만들어낸 것입니다. 이렇게 생각하면 세상에 '문제'가 있는 한, 일은 절대로 없어지지 않는다는 것을 알 수 있습니다. 그리고 문제가 크면 클수록, 문제를 공유하는 사람이 많으면 많을수록 일의 필요성은 높아질 것입니다.

잠시 당신의 주변을 둘러보고 평소 '문제'라고 느끼는 일이 없는지 생각해보세요. 혹시 이로 인해 당신이 괴롭거나 슬프거나, 강한 분노를 느낀다면, 그곳에 당신의 '진정한 일'이 있을 수도 있습니다.

나아가, 당신이 그 일을 하기 위해 하늘이 당신에게 문제를 할당해준 것인지도 모릅니다. 그렇지 않다면, 당신이 그것 때문에 괴롭거나 슬프거나 한 것이 무의미해질 것입니다.

왜냐하면 그 문제로 인해 괴로웠기 때문에, 당신은 같은 문제로 괴로워하는 사람을 구할 힘과 자격이 있는 것입니다.

개개인에게는
해내야만 하는 일이 있다

　문제를 해결하고 싶다거나 니즈를 충족시키고 싶다는 순수 의욕을 느끼는 사람들이 있다는 것은, 바꿔 말하면 그곳에 해결을 기다리는 문제와 충족을 기다리는 니즈가 있다는 것입니다. 즉, 자신이 무언가를 진심으로 하고 싶다고 생각한다는 것은 곧, 세상이 그것을 필요로 하고 있다고 볼 수 있는 것입니다. 그런 의미에서 순수 의욕은 세상의 문제와 니즈를 비추는 거울과 같다고 할 수 있습니다.

　창업가 양성 코스와 마케팅 코스에 가면, '틈새를 발견해라'라는 이야기를 자주 듣습니다. 요컨대, 세상 어느 곳에 니즈가 있는지를 먼저 탐색하는 것이 사업 성공에 필수라는 것을 의미하는 것 같지만, 그저 틈새를 찾아서 그것을 어떻게 사업화할지 가르치는 것만으로는 좋은 창업가를 양성하기 어렵습니다. 자신이 어떤 사업을 하면 좋을지를 생각할 때 자신의 내부를 보지 않고, 자신의 외적 부분만을 보는 것이기 때문입니다.

사업이라 하면, 그저 '돈벌이가 되는가 안되는가'에 집중하기 쉽지만, 진정한 사업이란 사업을 하고자 하는 사람이 '이것은 세상에 꼭 필요한 것이기 때문에 어떻게 해서든 실현하고 싶다' 등의 내부에서부터 나오는 열정 또는 신념과 같은 것이 뒷받침될 필요가 있다고 생각합니다. 이러한 열정과 신념은 마케팅 조사와 실현가능성조사(実現可能性調査)에서 도출된 데이터가 아닌, '근거 없는' 순수 의욕에서 생기는 것입니다.

덧붙이자면 진정한 사업가가 어떤 사람일지를 생각했을 때 사카모토 료마(板本龍馬)가 가장 먼저 머리에 떠올랐습니다. 사카모토 료마는 오랜 쇄국 정책으로 인해 여러 강한 나라들에 뒤처져, 자칫하면 강국들이 원하는 대로 휘둘리게 될지도 모른다는 위기감을 느끼고, 나라를 구하기 위해 쇄국을 해제하고 많은 배를 만들어 무역을 통해 나라를 부유하게 만들어야 한다는 신념을 가지게 됩니다. 그렇게 지방의 일개 하급 무사에 지나지 않았던 남자가 조금씩 주변을 움직여 결국에는 대정봉환(大政奉還: 제15대 장군인 도쿠가와 요시노부(德川 慶喜)가 천왕에게 정권을 돌려준 일)이라는 역사적인 위업을 달성해낸 한 명의 중심인물이 된 이야기는 너무나 유명합니다.

그가 남겼다고 전해지는 "세상에 생을 얻은 것은 무언가를 이루기 위한 것이다"이라는 유명한 말이 있는데, 저는 젊었을 때, 시바 료타로 (司馬遼太郎)의 《료마가 간다》를 읽고 이것이 진정한 사업의 정의라고 생각했습니다. 물론 료마처럼 나라를 움직이는 것과 같은 큰일을 하는 것만이 '이루는 것'은 아닙니다. 모든 사람들이 료마처럼 되지는 않으며, 될 수도 없습니다. 여기에서 말하는 '이룬다'란, '삶의 목적을 표현한다'와 거의 같은 의미라고 생각합니다. 즉, '자신이 이 세계에 태어난 목적에 따라 그것을 어떠한 형태로 만든다'라는 것입니다.

모든 개개인에게는 해야 할 사업이 있고, 그것이야말로 그 사람의 천직이라고 생각합니다. 다음 장에서는 드디어 자기 삶의 목적을 표현한 것, 천직을 어떻게 창조해야 하는지에 관한 이야기로 들어가 보고자 합니다.

해봅시다 ③

이 장에서는 여러 가지 각도에서 순수 의욕을 탐색하는 방법에 대해 알아보았습니다. 마지막으로 순수 의욕보다 앞에 있는 삶의 목적에 대해 가설을 세워봅시다.

'해봅시다 ①, ②'에서 작성한 당신의 순수 의욕이 혹시 삶의 목적을 깨닫기 위해 주어진 선물이라고 한다면, 당신의 삶의 목적은 무엇이라 생각합니까? 문장의 공란에 적당한 말을 생각해보세요.

'나는 _____ 하기 위해 이 세상에 태어났다.'

순수 의욕이라고 작성한 말에 반드시 얽매일 필요는 없습니다. 당신의 직감과 창의력을 사용해서 생각나는 문장을 써넣어보세요. 그리고 머릿속에 떠오른 것 모두를 노트에 적어보세요. 가능하다면 누군가와 의논하면서 함께 생각해봐도 좋습니다.

반복되는 말이지만, 여기에서 생각한 것은 '가설'에 지나지 않습니다. 이 가설을 다양한 형태로 표현함으로써 더욱 진화시켜봅시다.

 Summary
제2장 정리

▶ 삶의 목적을 찾는 데 가장 유용한 힌트는 '순수 의욕'이다. 순수 의욕이란, '아무 이유 없이 무엇을 하고 싶은 것'이다. 이것은 신의 선물이다.

▶ 의욕에는 순수한 것과 그렇지 않은 것이 있다. 순수 의욕을 따르면 영혼이 충만해지는 것을 느낄 수 있다. 그러나 그렇지 않은 의욕에 얽매이면 영혼이 황폐해진다.

▶ 순수 의욕은 작은 것부터 큰 것까지 어딘가에서 이어져 있으며, 작은 것을 억누르면 큰 것도 억눌린다.

▶ 물질의 시대에서 일이란, '해야 하니까 억지로 하는 것'으로 생각했다. 그러나 정신의 시대에는 '하고 싶은 일을 하는 것'으로 생각할 필요가 있다.

▶ '하고 싶은 일을 하는 것'을 이기적으로 여기는 문화가 만연해 있다. 그러나 하고 싶은 일을 할 때 개인의 역량이 최대한으로 발휘되고 그만큼 그 혜택을 받는 사람이 많아진다면, 하고 싶은 일을 하지 않는 것이 오히려 이기적일 수 있다.

▶ 인생에서 경험하는 괴로움과 슬픔을 통해 자신의 순수 의욕이 발견되기도 한다. 그 괴로움과 슬픔을 헤쳐나가는 과정에서 터득하는 지혜와 기술은 같은 괴로움과 슬픔을 가진 사람들을 치유하는 데 도움이 된다.

▶ 모든 사람이 자기가 하고 싶은 일을 하면 세상이 잘 돌아갈까? 아니면 모든 사람이 자기가 하고 싶은 일을 하지 않아서 세상이 잘 돌아가지 않는 것일까?

▶ 세상에 '문제가 있기 때문에 그것을 해결하고 싶다'는 순수 의욕이 샘솟고, 거기서 천직이 생겨나는 경우가 있다. 바꾸어 말하면, 우리가 천직을 만나도록 하늘이 그 문제를 주었다고 볼 수도 있다.

▶ 순수 의욕은 충족되지 않은 세상의 니즈를 비추는 거울과 같다. 순수 의욕을 따라가다 보면 자신이 해내야 하는 사업, 곧 천직으로 이어진다.

....

다카하시 요시코 씨 - '푸드 디자이너'

다카하시 요시코 씨(36세)는 2014년에 태어난 딸을 키우며 지방에 위치한 소규모 농장에서 직접 기른 신선한 제철 채소로 음식을 만들어 케이터링을 하거나 도쿄도 시나가와구(品川區)에 있는 아틀리에에서 부정기적으로 오픈하는 레스토랑 'S/S/A/W'에 제공하기도 하고, '이집트 소금'을 비롯해 독자적으로 개발한 조미료를 제조·판매하는 등의 일도 하고 있다.

4형제 중 3번째인 다카하시 씨는 초등학교 3학년 무렵, 나이 차이가 크게 나는 어린 동생에게만 관심을 주는 부모님을 깜짝 놀라게 해서 칭찬받고 싶다는 마음에 요리를 하기 시작했다. 하지만 막상 시작하고 보니 너무나 재미있어서, 그야말로 요리에 눈뜬 기분이었다고 한다.

그렇다고 다카하시 씨가 애초부터 요리의 길을 걸으려 했던 것은 아니다. 오히려 요리의 길을 가겠다고 생각한 적은 단 한 번도 없었다고 한다. 다카하시 씨가 사회에 나와 처음으로 선택한 일은 인테리어 관련 일이었다. 이것도 역시 초등학교 때의 일이 계기가 되었다.

그때 당시 살았던 고베 롯코지구(六甲地區)에 낡은 술 곳간을 개조해서 만든 액터스라는 이름의 인테리어 숍이 있었다고 한다. 어머니께서 처음 그곳에 데려가 주었을 때, 다카하시 씨는 형용할 수 없는 공간의 편안함에 감동해 나중에 이런 공간을 만드는 일을 하고 싶다고 생각했다고 한다.

동경했던 선생님을 따라 인테리어 쪽 일을 시작했는데, 얼마 지나지 않아 선생님이 몇 개월간 쉬게 되어 다카하시 씨는 이탈리안 요리점에서 일을 하게 되었다고 한다. 처음에는 홀 서빙을 했는데, 어느 날 셰프가 사장과 싸우고 가게를 그만두게 된다. 사장은 가게에서 일하고 있던 다카하시 씨와 같은 연배의 4명의 아르바이트생에게 "너희끼리 가게를 한번 운영해봐"라며 예상치도 못한 말을 한다. 그렇게 반년 만에 가게는 망해버렸지만, 그때의 경험은 향후 다카하시 씨가 요리 일을 하게 되는 큰 계기가 되었다.

결국 인테리어 일로 다시 돌아가긴 했지만, 1년이 채 되지 않을 무렵 다카하시 안에서 다시 요리가 하고 싶다는 마음이 점점 커졌고, 결국 본격적으로 요리 세계에 발을 들여놓기로 결심한다. 다카하시 씨의 결심을 듣게 된 인테리어 선생님께서는 "천직을 발견했구나"라고 하셨는데, 아직까지도 그 말이 잊히지 않는다고 한다. 그때는 천직이라도 해도 와닿지 않았지만, 지금 돌이켜보면 확실히 그랬던 것 같다고 한다.

이후 일본 요리 음식점을 시작으로 이탈리안 음식점, 인도 음식점, 가정 요리 등 다양한 장르의 가게에서 일하며 다카하시 씨는 요리 실력을 꾸준히 갈고닦았다. 일반적으로 요리의 길을 걷는 사람들은 이탈리안 요리면 그 한 가지 분야를 연구하는 경우가 많지만, 다카하시 씨는 그런 방법에는 전혀 매력을 느끼지 못했다. 오히려 '다양한 장르의 요리를 알고 싶다'라고 생각해 일부러 일하는 가게의 장르를 변경해갔다.

3년 반 정도 그런 생활을 계속했을 때, 허리를 다쳐서 일어서는 것조차 힘겨워져서 일을 완전히 그만둬야 하는 상황이 발생해 결국 쉬게 된다. 다행히 좀 지나서 다시 일할 수 있는 상태가 되었는데, 마침 한 어패럴 관계 회사의 사원 식당을 만드는 데 같이하지 않겠냐는 제의가 들어온다. 이야기를 자세히 들어보니, 그 회사의 사장이 80명 정도의 사원에게 무조건 건

강한 식사를 만들어주길 바란다고 해서, 다카하시 씨를 포함한 4명의 젊은 여성 셰프를 눈여겨봤다고 했다.

크게 공감한 다카하시 씨는 같이 참여하기로 하지만, 이것만으로는 생활이 유지되지 않았다. 그래서 방법을 찾던 중, 사찰음식 쪽에서 저명한 요리사의 어시스턴트 일도 병행하게 된다. 이 2가지 일은 생각지도 못한 열매를 맺게 된다. 사찰 요리는 채소 중심의 요리로, 어떠한 식자재를 사용하는지가 생명이다. 그렇기 때문에 질 좋은 채소를 기르는 데 심혈을 기울이는 전국의 생산 농가와 직접 알게 되는 기회가 늘어났고, 어패럴 회사의 사원 식당에서 만드는 요리에도 덩달아 질 좋은 채소를 사용하게 되었다.

그것이 좋은 평을 받자 다카하시 씨 자신도 '좋은 식재료를 사용한 채소 요리가 이렇게까지 사람을 건강하게 하는가' 하고 놀랐다고 한다. 다카하시 씨는 이렇게 일이 잘 풀리다가 또다시 생각지도 못한 사건으로 좌절하게 된다. 어패럴 회사의 사원 식당은 아직 실험적인 단계였기 때문에, 어떤 주택가에 위치한 가게의 주방을 빌려서 요리했는데, 사람들의 출입이 잦아지자 이웃들에게서 민원이 들어오게 되었고, 어쩔 수 없이 폐쇄하게 된 것이다.

그나마 다행이었던 것은 식당에는 사원 이외 많은 사람들이 출입했는데, 그 사람들에게 '케이터링으로 맛있는 음식을 배달해주세요'라는 의뢰를 받게 된 것이었다. '케이터링의 경우, 요리를 하는 장소와 손님이 모두 바뀌기 때문에 그것에 맞춰서 요리뿐만 아니라 장소의 설비를 생각하기도 하고, 때로는 주제를 정해 거기에 맞는 요리와 설비를 생각하기도 합니다. 이것이 굉장히 즐겁습니다.'

이 지점에서 다카하시 씨가 지금까지 해온 모든 것들이 연결된다. 어린 시절부터 사람을 깜짝 놀라게 하는 것을 좋아했던 다카하시 씨는, 손님에게 기대 이상의 요리를 제공하기 위해 인테리어 일을 했던 경험도 살려서 장소를 만드는 것에도 심혈을 기울였고, 사찰 요리의 어시스턴트를 통해 알게 된 생산 농가의 질 좋은 채소를 사용해 최초의 독자적인 요리 스타일을 구축해냈다. '푸드 디자이너'라는 직업명은 거기에서 왔다고 한다.

다카하시 씨의 요리에 대한 집념은 재료의 맛을 최고로 살리기 위해 조미료까지 스스로 만드는 것에서도 나타난다. 대표적인 것이 '이집트 소금'이다. 원래 판매 목적으로 만든 것은 아니었는데, 대 히트 상품이 된다.

결정적 계기는 우연에서 찾아왔다. 매해 가을, 다마카와(多摩川)의 하천 부지에서 열리는 '단풍시'라는 이벤트에 초대받아서 시험 삼아 이집트 소금을 400병 정도 만들어 가져갔는데, 공교롭게 우천으로 이벤트가 중지된다. 400개의 소금병을 앞에 두고 망연자실해 있을 때, 알고 지내던 한 잡지사 사람이 '우리 사이트에서 팔아줄게요'라며 도움의 손길을 내밀었다.

이집트 소금은 순식간에 다 팔렸고, 추가 주문까지 들어올 정도로 입소문이 자자해졌다. 다카하시 씨는 보건소의 허가를 받기 위해 서둘러 지금의 아틀리에를 빌렸는데, 이곳은 지금 다카하시 씨의 주된 일이 되었을 뿐만 아니라, 더 효율적인 공간 활용을 위해 레스토랑까지 오픈하게 되었다.

다카하시 씨가 요리를 할 때, 특별히 중요시하는 것은 '계절'과 '진심'이다. 현대 농업은 하우스 재배를 포함해 어떤 채소라도 1년 내내 재배할 수 있지만, 역시 계절에 맞게 수확하는 제철 채소가 가장 맛있다. 게다가 채소를 재배하는 사람이 진심을 담아 기른 것은 맛이 다르다. 그렇기 때문에 다카하시 씨는 계절에 상관없이 소비자가 필요로 하는 채소를 대량으로 재배하는 대규모 농가보다 해당 계절에만 나오는 채소를 전통적인 농법으로 신중하게 재배하는 소규모 농가와의 거래를 중요시하고 있다.

그렇게 진심을 듬뿍 담은 제철 채소를 계절감을 정성스레 담아내는 형태의 요리로 완성해 손님들께 전한다. 자신이 만들고 싶은 요리에 맞추어 재료를 선택하는 것이 아니라, 재료에 맞추어 요리를 생각해야 하는 '채소가 주인공인 요리'인 것이다.

다카하시 씨는 마지막으로 다음과 같이 강조했다.
'저는 앞으로도 채소를 촉매로 생산자와 요리인, 그리고 손님을 진심으로 잇는 다리가 되고 싶습니다.'

제3장

천직창조

어떻게 하면 '하고 싶은 일'을 하면서
생계를 유지할 수 있을까

'하고 싶은 일'을
직업으로 삼은 사람들

지금까지 이 책을 읽으신 여러분의 머릿속에는 아마도 다음과 같은 의문이 생겼을 것입니다.

'순수 의욕을 따름으로써 본인 삶의 목적을 깨닫는 것이 중요하다는 것은 알겠다. 하지만 삶의 목적을 어떻게 표현하면 좋지? 그리고 매일 생계를 유지하기 위해서는 어떻게 해야 하지?'

당연한 의문입니다. 그래서 솔직하게 순수 의욕에 따른 결과로, 그것을 직업으로 삼아 결실을 본 사람들에 대해 이야기해보려고 합니다.

하기와라 사치코(萩原 さちこ) 씨는 초등학교 2학년 때 일본인의 지혜, 문화, 전통, 미의식, 역사가 가득 찬 일본의 성(城)에 매료된 이후, 성을 돌아다니는 것이 라이프워크가 되었다고 합니다. 즉, 그녀의 순수 의욕은 '성'이었던 것이지요. 현재는 출판사와 광고 대리점에서 일했던

경험을 살려서《성곽 라이터로 성에 가 보자!》등의 책과 다양한 잡지에 성에 관해서 쓰거나, 성을 둘러싼 투어와 성을 사용한 이벤트 등을 기획·운영하고 있습니다.

와타나베 키다도시(渡辺貞稔) 씨는, 때마침 일본에 온 줄넘기 세계 챔피언의 연기를 본 감동을 잊지 못해, 대학교를 졸업 후 해외로 무사 수행을 떠납니다. 이른바 '줄넘기'가 그의 순수 의욕이 된 것입니다. 몇 년 후 세계 대회에 출전해서 메달까지 따고, 전 세계 선두 주자가 되었습니다. 현재는 '줄넘기 강사'로 초등학교 등에서 줄넘기를 가르치는 것 외에도 '프로 로프 퍼포머'로서 각종 이벤트를 통해 줄넘기를 이용한 퍼포먼스를 선보이고 있습니다.

그 외에도 철의 매력에 빠져서 부드러운 금속미를 표현하고 싶어 '철 조형 작가'가 된 다케다 요시토(武田美通) 씨, 신사를 너무나 좋아해서 '신사 관찰회'를 결성해《신사를 잘 알 수 있는 책》등 신사에 관한 책을 몇 권 출판하게 된 '신사·석불 탐색가' 토야마 하루히코(外山晴彦) 씨, 어릴 적부터 동경했던 노면 전차만 계속 그리다가《시전이 있는 풍경》이라는 화집과 그림 달력 등을 발행한 '노면 전차 화가' 이나 히코사다(伊奈彦定) 씨 등 셀 수 없을 정도로 많은 사람들이 자신 안에 싹튼 순수 의욕을 직업이라는 형태로 바꾸는 것에 성공했습니다.

덧붙이자면, 저는 방금 예를 든 사람들 대부분을 현재 구독하고 있는 <아사히 신문>의 기사와 인터넷 검색 등을 통해 알게 되었습니다. <아사히 신문> 조간에는 '사람'이라는 작은 코너가 있는데, 여기 소개된 사람들의 기사를 읽으면 실로 많은 사람들이 자신의 순수 의욕을 그대로 직업으로 삼았다는 것에 놀라게 됩니다.

왜 사람들은 나에게
딱 맞는 일을 찾지 못하는가?

여기에서 여러분께서 꼭 주목해주었으면 하는 것이 있습니다. 앞에서 예로 든 몇 가지 직업은, 사회에서 일반적인 직업이라고 말하기 어렵다는 것입니다. 아마도 그런 직업을 가진 사람은 이 넓은 세상에서 그 사람들뿐일 것입니다. 만약 있다고 해도 극히 소수에 지나지 않을 것입니다. 즉, 그들은 스스로 이런 직업을 새롭게 '만든' 것입니다.

대개의 사람은 '자신에게 맞는 직업이 무엇일까' 고민하며, 이미 세상에 존재하는 직업에서 자신의 일을 선택하려고 합니다. 전철 광고에서 '적합한 직업 페어'라는 행사 안내를 자주 보는데, 이 '적합한 직업'이라는 말은 그야말로 '자신을 기존의 직업에 맞추는' 것을 상징한다고 생각합니다.

'자신에게 맞는 일을 좀처럼 찾을 수 없다'라는 한탄을 자주 들을 수 있는데, 생각해보면 당연한 일일지도 모릅니다. 세상에 존재하는 직업은 모두 다른 사람이 자신의 사정과 세상의 형편에 맞추어 만든 것이며, 처음부터 만인에게 맞도록 만들어진 것이 아니기 때문입니다. 그것들에 자신을 맞추려 한다는 것은, 말하자면 체형이 다른 사람을 위해 만든 옷을 억지로 입으려는 것과 마찬가지입니다. 어떤 의미로는 부자연스럽다고 말할 수 있지 않을까요?

우리는 직업이라는 작은 상자에 잘 들어갈 수 있을 만큼 작은 존재가 아닙니다. 우리는 모두 하나의 직업보다 훨씬 큰 존재입니다. 직업이라는 상자에 억지로 자신을 끼워 맞추려고 할 때마다 우리가 자신의 소중한 부분을 조금씩 떼어내는 것 같은 느낌이 들어 견딜 수가 없습니다. 그것을 피하려면, 같은 상자라 해도 자신에게 맞게 주문한 '살아 있는 상자'를 자기 자신의 손으로 만들 수밖에 없는 것 아닐까요?

후생노동성이 발행하는 '직업 분류'에 따르면 2011년 현재, 세상에서 일반적으로 인정되는 직업의 수는 약 1만 7,000개라고 합니다. 그중 대부분은 근래 50년 정도 사이에 새롭게 만들어진 것입니다.

예를 들면, 지금은 일반적인 컴퓨터 프로그래머와 시스템 엔지니어 등도 50년 전에는 거의 존재하지 않았던 직업입니다. 이 세상에 처음으로 컴퓨터라는 것이 등장한 것은 1940년대이며, 일반 사람들에게 친숙해지기 시작한 것은 그보다 몇십 년이나 지난 후의 일이기 때문입니다.

이는 당신이 새롭게 만든 직업이 지금으로부터 50년이 지난 후에는 일반적인 직업으로 세상에 널리 자리 잡고 있을 가능성도 충분하다는 것을 의미합니다.

'자신만의 직업'을
만드는 방법

하지만 직업을 새롭게 만들려고 해도, 그렇게 간단한 게 아니라고 생각할지도 모릅니다.

제 세미나에서는 전장에서 탐색한 순수 의욕에 대해 각각의 키워드를 하나씩 작은 카드에 쓰고, 자유롭게 조합해서 어떤 직업을 만들 수 있는가 하는 연습을 합니다.

예를 들어 '술'을 좋아하고 '춤추는 것'을 좋아하며 '리조트'도 좋아하고 '사람을 돌보는 것'을 좋아하는 사람은 이 키워드들을 조합해서 '춤추는 바텐더'라는 직업을 만들어냈습니다. 예전에 〈칵테일〉이라는 영화가 있었는데, 그 영화의 주인공인 톰 크루즈가 연기한 역할 같은 이미지라는 것입니다.

또한 하나의 순수 의욕을 다양한 각도에서 빛을 비추어서 복수의 직업에 대한 가능성을 찾는 방법도 있습니다.

예를 들어 '서핑'이라는 키워드가 있다면, 프로 서퍼도 있고 서핑 강사도 있습니다. 서핑용품점을 경영하는 사람과 서프보드를 깎는 사람, 서핑 잡지 기자나 편집자도 있습니다. 이런 것들은 모두 이미 존재하는 직업이지만, 이런 방식으로 생각할 수도 있다는 것을 알려드리고자 합니다.

이렇게 기존에 있는 직업을 출발점으로 시작해도 상관없습니다. 그저 가능한 한 다른 순수 의욕과 조합해서 자신에 맞게 채색해가는 것입니다.

예를 들어 사람들 이야기 듣는 것을 좋아해서 카운슬러라는 직업을 생각했다면, 어떤 카운슬러인지, 어떤 사람들을 대상으로 하고 싶은지 등 다른 키워드에서 조금씩 찾아갑니다.

'아름다움'이라는 키워드가 있다면 '미용 카운슬러'일 수도 있고, '먹는다'가 있다년 '푸드 카운슬러', '자연'이 있으면 '네이처 카운슬러'일 수도 있습니다. '어린이'가 있다면 '차일드 카운슬러', 반대로 '노인'이 있으면 '시니어 카운슬러'일 수도 있습니다.

나아가 이것들을 합쳐서 '어린이'를 '자연' 속에서 카운슬링한다는 것도 있을 수 있습니다. '노인'이 '아름다움'을 유지하기 위한 카운슬링이라는 것도 있을 수 있습니다. 이처럼, 자신의 순수 의욕을 나타내는 말을 더해나감으로써, 차츰 그 직업에 본인다움이 묻어나게 되는 것입니다.

　이 연습에서는 생각나는 한, 많은 직업을 생각하도록 하고 있습니다. 그리고 그것을 혼자 생각하는 것이 아니라 다른 참가자도 함께 합니다. 그렇게 하면 항상 같은 사고 패턴으로는 절대 나오지 않을 아이디어가 잇따라 나옵니다.

　매회 이 연습을 할 때마다, 저는 참가자들의 창의력이 너무 훌륭해서 깜짝 놀라곤 합니다. 얼마 지나지 않아 이 세미나에서 생각해낸 직업을 명함에 새긴 사람들이 세상에 넘쳐나는 날이 오지 않을까요? 저는 남몰래 그것을 기대하고 있습니다.

해봅시다 ①, ②에서 작성한 당신의 순수 의욕을 몇 가지 랜덤으로 조합해서 새로운 일을 만들어봅시다.

가능하면 명함 크기의 카드를 준비해서 1장에 1가지씩 순수 의욕을 쓰고, 트럼프 카드를 늘어놓은 것처럼 자기 앞에 늘어놓은 후, 다양한 조합을 시험해보는 것도 재미있을 것 같습니다.

당신의 창의력을 최대한 발휘해서 지금까지 없던, 당신만의 일을 만들어보세요. 누군가에게 도움을 받아서 함께 생각해보는 것도 좋겠습니다.

이때, 그런 일이 실제로 가능한지, 그것으로 생계를 유지할 수 있을지 등 현실적인 것은 구태여 생각하지 않으셔도 됩니다. 어쨌든 틀을 벗어나서 생각하는 것이 중요합니다.

생각한 일은 노트 등에 정리해봅시다. 어쩌면 몇 년 후, 거기에 쓰인 일을 당신이 실제로 하게 되는 일이 일어날지도 모릅니다.

세 번째 안경 :
일 = 적합한 직업

저는 순수 의욕을 토대로 직업을 만드는 것을 '창직(創職)'이라고 부릅니다. 이것이 정신의 시대의 세 번째 안경입니다.

물질의 시대에서 일이란, '(기존 직업에) 자신을 맞추는 것'이라는 생각이 지배적이었습니다. 지금도 이것을 위해 많은 사람들이 적합한 직업을 찾고 있지만, 정신의 시대에서 일이란 '자신에게 맞추는 것'이라는 생각이 필요합니다.

일에 자신을 맞추는가, 일을 자신에게 맞추는가, 말로만 보면 아주 작은 차이지만, 이 2가지의 사이에는 하늘과 땅만큼의 차이가 있습니다. 자신을 일보다 작은 존재로 보는가(자신 < 일), 일보다 큰 존재로 보는가(자신 > 일)라는 차이입니다.

저는 미국 유학에서 돌아온 후 한동안, 제 직업을 '라이프 디자인·컨설턴트'라고 불렀습니다. 어쩌면 같은 직업명을 가진 사람이 저 외에도 있을 수 있지만, 어느 쪽이든 저에게 맞는 일을 만들었다는 의미에서 저에게는 창직이었습니다.

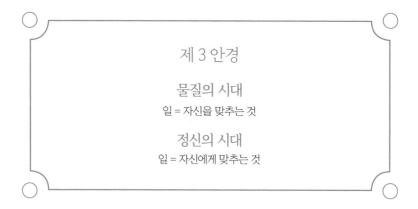

제 3 안경

물질의 시대
일 = 자신을 맞추는 것

정신의 시대
일 = 자신에게 맞추는 것

'창직'이라 하면 제가 독립 기업을 설립했다고 생각할 수도 있지만, 절대 그렇지 않습니다. 회사에서 일하면서도 창직은 충분히 가능합니다. 현재는 도시샤(同志社) 대학의 교수로서 '행복의 추구'를 주제로 참가형 수업을 열고, 최근에 《모두가 즐거운 수행》이라는 책을 출판한 나카노 타미오(中野民夫) 씨는, 대기업 광고 회사에서 일하던 젊은 시절 천직창조 세미나에 참가했다가 환경과 마음의 문제를 사람들에게 알기 쉽게 전달하는 '에코 스피리추얼 투어가이드'가 자신의 천직이라는 것을 자각했다고 합니다.

그때 당시 나카노 씨는 광고 회사에서 일을 하며, 비네이처 스쿨이라는 자연 학교에서 '자신이라는 자연과 만나다'라는 워크숍을 기획하거나, 트랜스 퍼스널 학회의 이사를 겸임하는 등의 활동을 했는데, 이 활동들의 공통점을 찾아보니 이 직업명이 딱 맞아떨어졌다고 합니다.

현재 교육 관련 회사에서 일하는 20대의 모리 마이코(森眞依子) 씨는, 작년 봄 천직창조 세미나에 참가했다가 '편지'라는 자신의 순수 의욕을 깨닫고, 'Tegami CoCo'라는 임의 단체를 설립한 후, 회사가 휴일인 주말 등에 카페 각지에서 '편지 Café'라는 이벤트를 개최하고 있습니다. 자신이 괴로워할 때 인생에서 처음 받은 어머니의 편지가 큰 힘이 되어주었던 일이 계기가 되어 편지로 사람들의 마음을 연결하고, 더욱 많은 사람들이 웃을 수 있게 하기 위한 활동을 앞으로도 계속하고 싶다 합니다.

이런 케이스도 있었습니다. 10년도 더 된, 어느 OA기기 판매 회사의 영업 사무직이었던 여성의 이야기입니다. 그녀는 '지금 하는 일은 복사나 차 심부름만 있어서 지루해. 내 능력을 더욱 살릴 수 있는 일이 틀림없이 있을 텐데…'라는 생각에 천직창조 세미나에 참가했던 분이었습니다.

여러 가지 연습을 통해 그녀의 순수 의욕과 그 앞에 있는 삶의 목적을 찾아본 결과, '여기저기 흩어져 있는 정보를 모아서, 사람들에게 도움이 될 수 있도록 알기 쉽게 정리한다'가 자신이 정말 하고 싶은 일이라는 것을 알게 되었습니다. 마침내 그것을 깨달았을 때 그녀의 얼굴은 한순간에 밝아지며 이렇게 말했습니다.

"이 일이라면 지금 하는 일에서도 충분히 할 수 있어요!"

그녀가 그때 생각한 것은, 최신 OA기기 시장의 동향과 신제품 정보, 경쟁 회사의 정보 등을 스스로 조사해서, 그것을 자사 영업 사원들에게 도움이 되도록 알기 쉽게 정리하는 것이었습니다. 그녀는 계속 말했습니다.

"제가 회사에서 맡은 일은 영업 사무직이에요. 딱히 복사나 차 심부름만 하라고 한 적은 없어요. 생각해보면 저는 스스로 일을 축소시켰던 거예요."

이후, 회사도 직종도 변함이 없었지만, 그녀의 의욕은 180도 바뀌었다고 합니다. 얼마 전 그녀와 오랜만에 만나게 되었는데, 지금은 어떤 일을 하는지 물어보자, '후후후' 하고 웃으며 "주로 최근 미국에서 어떤 비즈니스가 유행하는지 정보를 모으고 알기 쉽게 정리해서, 독립 기업을 꿈꾸는 일본의 젊은이들에게 제공하고 있어요"라고 했습니다.

즉 일의 내용은 바뀌었지만, 본질은 바뀌지 않은 것입니다. 이처럼, 삶의 목적에서 자기 일을 찾아내는 것도 창직의 하나이며, 독립 여부와 관계없이 실현할 수 있습니다.

경기가 회복되어도
일은 더 늘어나지 않는다

자기 일을 스스로 만든다고 해도 그 일을 통해 생계를 유지한다는 것은 전혀 다른 이야기입니다. 가령 자신의 순수 의욕과 삶의 목적을 토대로 자신에게 맞는 새로운 일을 만들었다 해도 '그것으로 생계를 유지하기 위해서는 어떻게 하면 좋은가?'라는 의문은 아직 남습니다.

무엇을 하고 싶은지 확실하더라도 그 이상 더 나아가지 못하는 경우를 저는 지금까지 자주 보아왔습니다. 그래서 '하고 싶은 일을 직업으로 삼고 생계를 유지하기 위해서는 어떻게 해야 하는가?'에 대해 저 자신의 경험을 토대로 이야기하고자 합니다.

앞서, 저의 세미나에서는 각 참가자의 순수 의욕을 토대로 새로운 일을 가능한 한 많이 생각하도록 한다고 했는데, 그 연습이 끝나면 저는 생각한 것 중 본인이 실제로 하고 싶은 것이 여러 가지가 있다면, 그것들을 모두 '동시에' 하는 것은 어떤지 제안하고 있습니다. 그러면 대다수가 '이 사람이 도대체 뭐라는 거야?'라는 놀란 표정을 합니다.

그 이유는 사람들이 '동시에 하나만 가질 수 있다'라는 고정관념에 얽매여 있는 것이 가장 큰 원인인 것 같습니다. 하지만 이 고정관념에 대해서도 의문을 가질 필요가 있습니다. 예전에는 하나의 일로 생계를 유지하는 데 필요한 돈을 모두 벌 수 있었지만, 이제는 그것이 점차 어려워지고 있기 때문입니다.

일본의 실업률은 버블 붕괴 전까지만 해도 계속 2%대로, 세계에서 보기 힘들 정도의 낮은 수준을 유지했지만, 버블이 붕괴된 후에는 점차 높아지기 시작하다가, 한때는 5%대를 돌파하기도 했습니다. 최근에는 아베노믹스의 효과인지 4% 밑도는 수준까지 회복되었지만(2014년 10월 기준), 그래도 버블 전 수준에는 훨씬 못 미칩니다.

많은 사람들은 경기만 회복되면 실업률이 떨어지고 일자리도 늘어날 것이라고 단순하게 생각하는데, 아무래도 앞으로는 그렇지 않을 것 같다고 합니다. 실업률이 좀처럼 떨어지지 않는 이유 중 하나는, 최근 20년 사이에 컴퓨터 못지않게 급격히 진보한 전기 통신 기술에 있습니다. 전기 통신 기술이 비즈니스 사회를 중심으로 보급되면서, 예를 들면 지금까지 10명이 있어야 할 수 있었던 일이 혼자서도 가능하게 되었고, 대부분의 기업에서는 잉여 인원의 정리를 통해 인건비를 축소하고, 이익의 폭을 넓히려는 움직임이 일반화되고 있습니다.

또한 갈수록 빨라지는 세상의 변화를 따라잡기 위해 기업은 '정규직 고용', 즉 정사원을 고용해서 천천히 양성한다는 사고방식에서 그때그때 필요한 능력을 갖춘 사람을 파트타임과 아르바이트 또는 계약 사원과 파견 사원 등의 '비정규 고용'이라는 형태로 일시적으로 채용한다는 사고방식으로 방향이 전환되고 있습니다.

총무성의 노동력 조사에 따르면 1995년에는 20% 정도였던 비정규직 고용자의 비율이 그 후 급격히 증가하기 시작해서 2003년에는 30%대를 돌파해 현재는 35%를 넘고 있습니다.

요컨대 지금 무엇이 일어나고 있는지를 살펴보면, 이른바 '정직(定職)'이 없어지고 있는 것입니다.

네 번째 안경 :
일 = 정직(定職)

그래서 나온 것이 복수의 일을 동시에 가지는, 이른바 '복직(複職)' 이라는 발상입니다.

미국에서는 1990년대 이후, 차츰 시작된 정리해고로 인해 안정된 정직을 잃은 사람들의 대부분이, 자신들의 생활을 지키기 위해 어쩔 수 없이 몇 개의 파트타임이나 아르바이트 등을 '겹쳐서' 하는 비상 수단을 취하게 되었습니다. 그런데 막상 그런 생활을 해보니까 그때까지 예상도 하지 못한 장점이 있다는 것을 깨닫는 사람들이 나왔던 것입니다.

하나의 정직을 가지고 일했을 때는 좋든 싫든 그 일과 일을 주는 회사에 의존하는 부분이 컸지만, 복수의 일을 하게 되면 각각의 일에 대한 의존 정도가 상대적으로 낮아지는 만큼, 반대로 자유도가 커진다는 장점을 가지게 됩니다. 즉, 일이 하나밖에 없으면 설령 하기 싫은 일이더라도 생활을 위해 참고 할 수밖에 없지만, 일이 복수면 다른 일도 있으니 정말로 하기 싫으면 굳이 무리해서 하지 않아도 되는 것입니다.

이게 바로 네 번째 안경입니다. 물질의 시대에서 일은 '동시에 하나밖에 가질 수 없는 것'이라는 생각이 지배적이었으나, 정신의 시대에서 일은 '동시에 여러 개 가져도 좋은 것'이라는 생각이 필요하게 될 것입니다. 또한, 거기서 한 발 더 나가 어차피 몇 가지 일을 해야 한다면, 그 중 하나 정도는 본인이 정말로 하고 싶은 일을 하자고 생각하는 사람들도 생기게 되었습니다.

물론, 처음 얻는 수입은 얼마 안 되거나 거의 없을 수도 있습니다.
하지만 그 사이 다른 일에서 최소 고정 수입이 확보된다면, 하고 싶은 일의 비율과 들어오는 수입의 비율을 조금씩 늘려가면 되지 않을까 하는 발상을 하는 사람들이 나타난 것입니다.

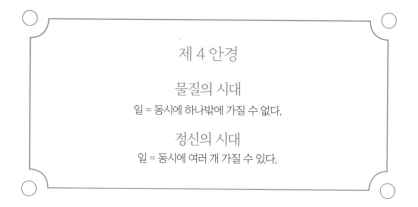

제 4 안경

물질의 시대
일 = 동시에 하나밖에 가질 수 없다.

정신의 시대
일 = 동시에 여러 개 가질 수 있다.

당신이 3개의 일을 동시에 하고 있다고 가정해봅시다. 처음에 자신이 하고 싶은 일은 그중 하나밖에 없었습니다. 즉, 하고 싶은 일 1에 대해, 특별히 하고 싶지는 않은 일의 비율이 2의 상태입니다. 이때, 하고 싶은 일은 수입이 없더라도 상관없습니다. 그래도 계속한다면 그 일에 관한 지식과 기술이 쌓여 조금씩이라도 수입이 들어오게 될 것입니다. 수입이 점차 늘어나면 하고 싶은 일의 비율을 그에 맞춰 늘려가면 되는 것입니다.

1 대 2였던 비율을, 하고 싶은 일을 2로 하고 2 대 1로 하고, 나아가 시간을 들여 3개 모두 하고 싶은 일로 하면 3 대 0이 됩니다. 즉, 하고 싶은 일로 생활에 필요한 모든 수입을 얻는 상태에 이르면 이상적일 것입니다.

'택시 잡'을
활용한다

저는 많은 사람들이 '하기 싫은 일을 해서 그럭저럭 먹고사는가, 하고 싶은 일을 하면서 빈곤하게 사는가' 둘 중 하나밖에 길이 없다고 생각하는 것은 아닐까 하고 느낄 때가 있습니다.

'하고 싶은 일을 하면서 제대로 먹고산다'는 '제3의 길'에 대해서 제가 시사하면 '그것은 이상론에 지나지 않는다'라며 단번에 묵살하곤 했습니다.

지금까지 하기 싫은 일을 하면서 그럭저럭 살아온 사람이 어느 날 갑자기 하고 싶은 일을 시작해서 비슷한 정도의 수입을 올리려고 생각한다면 그것은 '이상론'일지도 모릅니다. 특별한 능력이 있는 사람이라면 몰라도, 우리 같은 일반 사람들이 현실에서 이상에 도달하려면 그만큼의 시간이 필요합니다. 이 시간이라는 요소를 고려한 후에 '현실적으로' 제3의 길을 추구하는 방법이 '복수의 일'이라는 발상입니다.

이것은 '하고 싶은 일'과 '생계를 유지하기 위한 일'을 나누어 생각하는 것과 같습니다. 하고 싶은 일로 처음부터 생계를 유지했다면 그것만큼 좋은 일은 없지만, 처음부터 그 정도의 수입이 들어온다는 보장이 없다고 하고 싶은 일을 포기하는 것은 너무나 아깝습니다.

덧붙이자면 미국에서는 특별히 하고 싶지는 않지만, 생계를 유지하기 위해 어쩔 수 없이 하는 일을 '택시 잡'이라고 합니다. 그런 이유로 실제로 택시 운전을 선택하는 사람이 많고, 목적지에 도착할 때까지 자신을 태워다 주는 일이라는 2가지 의미가 있기 때문입니다.

택시 잡으로 알맞은 일에는, 몇 시부터 몇 시까지 일하는지에 대한 노동 시간이 정확히 정해져 있고, 언제 일하는가 하는 시간적 자유가 비교적 있는 일을 들 수 있습니다. 화가를 꿈꾸는 사람이 레스토랑 웨이터 등의 일을 하면서 우선은 생계를 유지하고, 비는 시간에 그림을 그리거나, 그린 것을 거리에 진열해서 팔거나, 화랑에 자신의 그림을 걸어줄 것을 교섭하거나 하는 이야기입니다.

이렇게 생각해보면, 하고 싶은 일을 하기 위해 반드시 지금 하는 일을 그만둘 필요는 없습니다. 물론, 시간적인 제약이 상당 부분 있겠지만 아무것도 하지 않는 것보다는 훨씬 낫다 싶은 일에 쓸 수 있는 시간, 예를 들어 일주일에 하루, 그것도 무리라면 몇 시간밖에 없어도 상관없고, 처음부터 거기에서 수입을 얻을 필요도 없습니다.

어쨌든 자신이 정말로 하고 싶은 일을 해서 생계를 유지할 수 있게 되는 것을 목표로 삼아 한 걸음씩이라도 전진해나가는 것이 중요합니다. 무엇보다 하고 싶은 일을 하면 영혼이 충만해지니, 지금 하는 일에도 오히려 좋은 영향을 줄지도 모릅니다.

혹시 당신이 지금의 일이 계속 좋아지지 않는다면, 차라리 그것을 '택시 잡'이라고 딱 잘라 생각하는 것은 어떨까요?

천직을 창조하기까지의
나의 여정

다시 제 이야기를 해보고자 합니다. 제가 하고 싶은 일을 하면서 어떻게든 생계를 유지하게 되기까지는 유학 기간 포함 약 3년이 걸렸습니다. 그렇게 도달하기까지의 과정이 지금까지 말해온 복수의 일이라는 전략을 활용해서 천직을 창조한 것입니다.

우선 29살에 회사를 그만두고 미국에 건너갔을 때는 통장에 잔액이 거의 없었기 때문에 무엇이라도 좋으니 돈을 벌어야만 하는 상황이었습니다. 하지만 유학생은 비자 때문에 한정된 범위 안에서만 일을 할 수 있습니다. 여러 가지로 궁리한 끝에, 미국에서 공부해서 배운 것과 깨달은 것 등을 매월 1회 뉴스레터로 정리해서 일본의 친구·지인 중에 관심이 있는 사람들에게 보내고, 회비 형식으로 돈을 받겠다는 염치없는 생각을 하게 되었습니다.

다행히도 많은 사람들이 모금이라는 의미도 있었는지, 이 아이디어에 찬성해주셔서 매월 월세 정도의 수입은 들어오게 되었습니다.

그리고 리크루트에서 영업할 때 알고 지내던 회사의 사장님에게 부탁해 미국에서 정보를 수집하고 그 대가를 받게 되었습니다. 그뿐만 아니라 미국인 비즈니스맨을 대상으로 '일본인과 어떻게 비즈니스를 할 것인가'라는 연수를 하던 회사에서 아르바이트로 강사 어시스턴트도 하게 되었습니다.

즉, 이 시절의 저에게는 생계를 유지하기 위한 수입원이 총 3가지였던 것입니다. 이 3가지 일들은 모두 제가 정말 하고 싶었던 일은 아니었습니다. 진짜 하고 싶었던 것은 천직창조 세미나를 개최하고, 그 세미나에 참가하는 사람들이 실제로 자신의 천직을 창조해가는 프로세스를 지원하기 위한 코칭을 제공하는 것이었습니다.

하지만 당연하게도 처음부터 이 일로 수입을 얻을 수는 없었습니다. 그 시절에는 아직 세미나도 개발 중이었고, 코칭에 대해서도 공부 중인 상태였기 때문입니다. 세미나가 완성되기까지 코칭 트레이닝을 수료하고 자격을 취득하기까지 총 3가지 택시 잡으로 최소 필요 생계를 유지했습니다.

유학을 끝내고 일본에 귀국한 후에도 당분간 번역과 통역을 택시 잡으로 하면서, 천직창조 세미나의 개최와 코칭을 제공했습니다. 그러다 정말 하고 싶었던 일로 수입이 생기게 되면서 조금씩 번역과 통역 일의 비율을 줄여나갔고, 최종적으로는 하고 싶은 일만을 해서 생계를 유지하게 된 것입니다.

'포트폴리오 커리어'라는
사고방식

그럼, 여기에서 '포트폴리오 커리어'라는 사고방식을 소개하고자 합니다. 그림 4를 보면 제1 사분면의 '하고 싶은 일을 하고 수입을 얻는다'에 해당하는 일에 종사하는 것만이 가장 이상적이라는 것을 한 눈에 알 수 있습니다.

하지만 현실에서는 그런 일을 갑자기 만나는 것 자체가 드물기에, 대다수의 사람들이 제3 사분면의 '수입은 들어오지만, 반드시 하고 싶은 것은 아니다' 하는 일에 종사하게 됩니다.

그림 4 포트폴리오 커리어

	수입을 얻는다	수입이 없다
하고 싶은 일	제1 사분면	제2 사분면
하기 싫은 일	제3 사분면	제4 사분면

이래서야 시간이 아무리 지나도 천직에 도달할 수 없으니, 제2 사분면의 '지금은 아직 수입이 없지만 하고 싶다' 일을 빈 시간을 이용해서 시작하는 것이 중요하게 됩니다. 어떠한 일이라도, 막 시작했을 무렵에는 실력이 없기 때문에 수입이 들어올 정도의 시장 가치는 없는 경우가 대부분일 것입니다. 그것은 '좋아하면 잘하게 된다'라는 말에서 알 수 있는 바와 같이, 그것이 혹시 자신이 진심으로 하고 싶은 일이라면 오랫동안 하는 사이에 실력이 늘고 언젠가는 수입이 들어오게 될 것입니다.

물론 그렇게 된다는 보장은 어디에도 없지만 '하지 않고 후회하는 것보다, 해보고 후회하는 편'이 좋습니다. 실제로 해보지 않으면, 어떻게 될지 모른다는 마음가짐으로 시작해봅시다. 이 시점에서는 제3 사분면의 수입이 들어오는 일도 하고 있기 때문에, 하고 싶은 일을 시작하는 것에 갑작스러운 위험이 있는 것은 아닙니다.

이때, 원래 안정된 수입을 가져다주던 제3 사분면의 일이 없는 사람도 있을 수 있습니다. 그런 사람은 하나의 일에서만 수입을 올리려고 하지 말고, '복수의 직업'으로 필요한 최저한의 수입을 확보하면서, 제2 사분면의 일에 착수하는 방법도 있습니다.

복수의 직업이라는 사고방식은 제1 사분면의 일에도 응용할 수 있습니다. 즉, 하고 싶은 일 하나만으로 필요한 수입을 확보할 수 없다면, 하고 싶은 복수의 일을 통해 수입을 보충해서 생계를 유지하는 방법도 있습니다.

어느 쪽이든, 복수의 수입원이 있는 편이 무슨 일이 있을 때 유연하게 대응할 수 있다는 점에서 지금처럼 단 하나의 수입원에 의존하는 것보다는 위험이 적을 뿐 아니라, 더 자유롭게 창조적인 생활이 가능할 것입니다. 이처럼, 자기 일을 복수의 직업에 조합해 받아들이는 사고방식을 '포트폴리오 커리어'라고 부릅니다.

스즈키 히데치카 씨는 천직창조 세미나의 참가자 중의 한 명으로 '말장난'이라는 순수 의욕이 있었습니다. 말장난을 좋아하는 사람은 세상에 많이 있겠지만 스즈키 씨의 경우, 그 실력이 상당했습니다. 'D1 말장난 그랑프리'에 출전해서 우승했던 경험까지 있었으니까요.

그러나 처음에는 말장난을 일로 삼을 생각은 꿈에도 하지 못했습니다. 그는 원래 기업의 젊은 사원들에게 주체성을 주제로 하는 연수 등을 하는 프리랜서 강사였고, 이 일은 그 나름대로 하고 싶은 일이었습니다. 또한 나름대로 수입도 안정되어서 특별히 일부러 말장난을 일로 삼지 않아도 취미로 좋지 않을까 하고 생각했습니다.

하지만 천직창조 세미나를 계기로, 말장난의 매력을 세상에 전하고 싶다는 자신의 마음을 재확인한 스즈키 씨는 순수 의욕에 따라서 그것을 직업으로 삼아 할 수 있는 데까지 해보기로 했던 것입니다. 우선 그는 '말장난입니다~'라는 이름의 워크숍을 개발해서 그가 오랫동안 쌓아온 말장난에 대한 비법을 전수하기 시작했습니다. 다음으로 말장난에 대해 같은 마음을 가진 사람들을 모아서 '말장난이야'라는 팀을 결성하고, 그 연장선으로 '일반 사단법인 말장난 활용협회'를 설립합니다. 나아가 말장난을 비즈니스 커뮤니케이션으로 활용하는 것을 주제로 한 《박장대소하는 조직, 회사를 강하게 만든다 '말장난' 일의 기술》이라는 책까지 출판했습니다.

이것은 틀림없이 그가 하고 싶은 일이었지만, 아직 이 일만으로 가족 전원의 생계를 유지할 만큼의 수입을 올리는 상황은 아니었다고 합니다. 즉, 앞서 말한 포트폴리오로 본다면, 이 일은 제 2사분면에서 제1 사분면으로 이동 중인 것입니다.

그리고 이동 프로세스의 버팀목이 되어주는 것이 연수 강사라는 일로 올리는 수입입니다. 스즈키 씨의 경우, 연수 강사도 하기 싫은 일은 아니었기 때문에 엄밀히 말하면 제3 사분면은 아니지만, 연수 강사 일 안에서도 순수 의욕을 느낄 수 있는 것과 그렇지 않은 것이 있어서 말장난 일이 궤도에 오르면서 순수 의욕을 느끼지 못하는 일을 그만 두게 되었다고 합니다.

복수의 일을 하면서 자신의 순수 의욕을 토대로 한 새로운 일을 창작해가는 포트폴리오 커리어에 어울리는 이야기로, 여기에서 이야기하기에 안성맞춤이지 않나요?

하고 싶은 일을 하면
돈도 따라온다?

지금까지 '하고 싶은 일을 하면서 먹고산다'는 제3의 길을 가기 위한 구체적인 방법으로 '복수의 직업'에 대해서 이야기했지만, 분명 아직까지 불안한 사람들도 있겠지요. 그래서, 일부러 다음과 같이 과격하게 단언해보고자 합니다.

"당신이 진심으로 하고 싶은 일을 하면, 돈도 반드시 따라옵니다."

이것은 아마도 많은 사람들이 가지고 있는 고정관념과 완전히 대립되는 말일 것입니다. 이것은 제가 처음 말한 것이 아닙니다. 미국의 심리학자 마샤 시니터(Marsha Sinetar)는 《Do What You Love, The Money Will Follow》라는 제목에 모든 것이 담긴 책을 썼습니다. 이 책은 미국에서는 꽤 많이 팔렸고, 이 책의 타이틀은 관용구로 사용될 정도로 대중적이 되었습니다.

저도 처음 이 말을 들었을 때 '수상하다'고 의심했습니다. 하지만 실제로 자신의 순수 의욕에 따라서 천직을 창조해가는 과정에서, 이 말이 맞다는 것을 인정할 수밖에 없는 일이 계속 일어났습니다. 유학을 떠날 당시 저는, 리쿠르트에서 받은 몇십만 엔의 퇴직금 정도밖에 없었습니다. 당장 생활비와 학비를 어떻게 해야 할지 고민하다가 앞에서 말한 뉴스레터 발행을 떠올렸고, 그 결과 생활비를 충당할 수 있었습니다.

미국으로 건너간 후에는 미리 신청한 장학금을 받게 되어 학비의 3분의 1만 내면 되었습니다. 얼마 후에는, 친구가 일하는 회사의 사장님이 제가 쓴 뉴스레터를 읽고 그 취지에 공감해 10부를 정기 구독해주시기도 했고, 제가 유학을 하러 갈 때도 여러 가지 격려와 조언을 해주셨던 한 컨설팅 회사의 사장님께서는 일거리를 받을 수 없을지 부탁을 드렸을 때 무려 매월 일정액을 '키다리 아저씨 기금'으로 지원해주시기도 하셨습니다.

그렇게 유학 생활이 2년째로 접어들고, 대학원에서의 연구와 동시에 코칭을 배우기 위해 CTI 코스에 다니기 시작했을 때도, 자금 위기가 있었습니다. CTI의 모든 코스를 수료할 때까지 너무나 코칭을 배우고 싶었던 저는, 여러모로 생각한 끝에 2가지 부탁을 행동으로 옮겼습니다. 그중 하나는 CTI 책임자에게 편지를 써서 장학금을 받을 수 있도록 부탁을 드린 것입니다. 나머지 하나는 리쿠르트 때 알고 지내던 회사의 사장님 중 개인적으로 친분이 있었던 분께 편지를 써서 비상식적이라고 생각할 정도의 금액을 빌릴 수 없는지 부탁을 드린 것입니다.

예상하셨겠지만, 행동으로 옮기기 위해 매우 큰 용기가 필요했습니다. 특히 두 번째 편지의 경우 비상식적인 부탁을 했다가 지금까지의 신뢰관계가 무너져버리는 것은 아닌가 하는 생각에 편지를 보낸 후 '보내지 말걸…'이라고 몇 번이나 후회했는지 모릅니다. 양쪽 모두 편지를 보낸 후 1개월 이상 지나도 아무런 연락도 없어서 '지금쯤 분명히 화가 나셨을 거야'라고 상상하며 혼자 풀이 죽어 있기도 했습니다.

그러나 얼마 후, 이미 지불한 코칭 코스에 참가했다가 쉬는 시간에 CTI 책임자의 호출로 사무소로 갔습니다. 그러자 "일전에 당신이 부탁한 장학금 말인데요, 우리는 지금까지 그런 장학금을 지급한 적은 없지만, 당신의 열의를 봐서 참가비를 반액 면제하기로 결정했습니다"라는 말을 들었습니다.

이 뉴스는 저에게 매우 기쁜 소식이었지만, 그래도 아직 모든 코스를 수료하기에는 돈이 부족한 상황이어서 대놓고 기뻐할 수는 없었습니다. '여기까지 왔으니 어떻게든 끝까지 배우고 싶다' 생각하면서 집에 돌아갔는데, 문을 열자마자 전화벨이 울렸습니다. 황급히 전화를 받자, 돈을 빌려달라고 부탁드린 사장님께 걸려온 국제전화였습니다. "연락이 늦었지만, 부탁받은 돈을 마련할 방법이 생각났거든. 계좌번호 좀 알려주겠어?" 사장님이 이렇게 말씀하는 것이 아닙니까! '제 부탁이 2군데 모두, 그것도 같은 날에 승낙을 받다니!' 저는 믿을 수 없는 기분으로 전화를 끊고, 잠시 동안 멍하게 있었습니다.

이것을 읽고 계시는 독자 여러분은, 아마도 제가 단순히 운이 좋은 사람이라고 생각하실 수도 있습니다. 그러나 이런 일이 이렇게까지 계속되면 '운이 좋다'라는 것만으로는 아무래도 부족한 느낌이 듭니다.

지금 제가 이렇게 있는 것은, 앞에서 이야기한 많은 사람들의 따뜻한 지원이 있었기 때문인 것은 말할 것도 없습니다. 하지만 저는 역시 순수 의욕에 솔직하게 따르고, 할 수 있는 행동을 취한 것이 이런 '행운'을 가져온 최대의 요인이라고 생각합니다. 애당초 제가 유학을 결심하지 않았다면 여기 쓴 것과 같은 일은 모두 일어나지 않았을 테니까요.

이것은
'신의 비즈니스'다

제가 자랑을 하고 싶어서 이런 이야기를 하는 것은 아닙니다. 여러분도 스스로 순수 의욕에 따라서 행동을 하면 이런 일이 생길 수 있다는 것을 느꼈으면 하는 바람으로 이야기하는 것입니다.

여기에서 주목하셨으면 하는 부분이 2가지 있습니다.

하나는, '자연스럽게 돈은 따라온다'고 해도, 따라오는 방법은 여러 가지가 있다는 것입니다. 그것은 돈을 만들어내는 아이디어로 따라올 수도 있고, 장학금이라는 형태로 본래 지불해야 할 돈을 지불하지 않아도 될 수도 있습니다. 대여금이라는 형태로 일시적으로 누군가에게 빌리는 형태일 수도 있습니다. 마침 돈이 떨어졌을 때, 타인에게 아르바이트를 소개받을 수도 있습니다. 하고 싶은 일을 했다고 하늘에서 돈이 떨어진다거나 땅에서 솟아나는 것이 아닙니다.

또 다른 하나는, 필요 이상의 돈은 따라오지 않는다는 것입니다. 제 경우에도 '이만큼만 있으면 좋을 텐데…'라고 생각한 이상의 돈이 생기지는 않았습니다. 다만 '이만큼은 꼭 있어야 해'라고 생각하면 어째서인지 그 최저 수준의 필요한 돈만이 앞서 말한 것처럼 '방법을 바꾸거나 물건으로 바뀌어서' 들어온 것입니다.

이전에 어떤 사람에게서 다음과 같은 말을 들은 적이 있습니다.

"사람이 무언가에 대해 하고 싶어 하고 그것을 하게 되면, 개인의 비즈니스라기보다 신의 비즈니스야. 그러니까 마음에 따라서 행동하면 그것을 실현하기 위해 필요한 자원, 즉 사람이나 물건이나 돈은 모두 신께서 준비해주시지."

혹시 순수 의욕이 신에게 받는 선물이라면, 그것을 결실을 보는 데 필요한 자원을 신께서 주신다고 해도 결코 이상한 일이 아닙니다. 왜냐하면 '이것이 하고 싶다'라는 마음만 주시고, 나머지는 알아서 하라고 하면 너무 '무책임'하니까요! 그렇다고 해서 모든 책임을 신께 떠넘기는 것도 좋지 않습니다. 우리에게도 이에 상응하는 책임이 있다고 생각해야만 신에게도 공평하니까요.

그렇다면 책임이란 무엇일까요? 자신의 순수 의욕을 깨닫고, 믿고, 행동하는 책임입니다. 신은 자원을 주는 형태로 우리에게 손을 내미는 것은 가능해도, 직접 하실 수는 없기 때문입니다.

생계를 유지하기 위해서
정말 필요한 돈은 얼마일까?

조금 더 현실적으로 이야기하면, '하고 싶은 일을 하는' 데는 생각만큼 큰돈이 들지 않는 경우가 있습니다.

제가 세미나에서 '하고 싶은 일을 합시다'라는 이야기를 하면 적어도 한두 명 정도는 반드시 '하지만 먹고살아야죠'라는 반응을 보입니다. 또한 노골적으로 그런 반응을 보이지는 않더라도, 비슷하게 생각하는 사람이 아마도 많을 것입니다.

여기에서 제가 '그럼 먹고살기 위해 돈이 얼마나 필요할까요?'라고 물으면, 제대로 대답하는 사람은 거의 없습니다. 겨우 '지금과 비슷한 정도의 수입이 있다면'이라고 대답하는 것이 고작일 것입니다. 그래도 조금 더 깊게 생각해보세요. 그저 먹고살기 위해서는 실제로 어느 정도의 돈이 필요할까요? 정말 지금과 비슷한 정도의 수입이 없으면 먹고살 수 없을까요?

'먹고사는 것'에 대해 생각할 때, 깊게 생각하면 그것은 '의·식·주'라는 이른바 '생활 경비'로 어느 정도의 돈이 필요한가 하는 것입니다. 살아가는 데 꼭 명품을 몇 벌씩이나 옷장 안에 걸어놓을 필요는 없습니다. 매일 스테이크를 먹을 필요도 없으며, 집도 극단적으로 말하자면 비만 피하면 됩니다. 꼭 덴엔초후(田園調布, 일본의 도쿄도 오타구에 있는 고급주택가)의 호화로운 저택에서 살 필요는 전혀 없습니다. 사치만 하지 않으면 생활 비용은 상당한 정도까지 절약할 수 있습니다.

그렇다고 제가 여러분께 '허리띠를 졸라매라'라고 권장하는 것은 아닙니다. 그저 '먹고사는' 데 진짜 필요한 돈은 얼마인지, 그 현실적인 인식을 하시길 바랍니다. 이러한 인식 없이 그저 돈은 많으면 많을수록 안심된다는 이유로, 하기 싫은 일을 계속하다가는 언젠가 큰 대가를 치르게 될 것입니다. 하기 싫은 일을 계속하면 점점 영혼이 피폐해지고 마음이 공허해집니다. 마음의 구멍을 채우기 위해 많은 사람들이 충동구매를 하거나 폭식을 하거나, 잠깐의 쾌락을 탐하는 것에 돈을 쓰거나 합니다.

그다음에는 사용한 돈을 메꾸기 위해 또다시 하기 싫은 일을 하는 악순환이 계속되는 것입니다. 이래서야 하기 싫은 일을 하다가 쌓인 스트레스를 해소하기 위해 억지로 돈을 버는 것과 같은 것입니다. 반대로, 하고 싶은 일을 하면 마음이 풍요로워지기 때문에 스트레스는 심하게 쌓이지 않으므로 해소하는 데 많은 돈을 쓸 필요도 없어집니다.

제가 일하던 리쿠르트는 세간에서 보면 상당히 높은 급여를 주었기 때문에 그곳을 그만두고 미국으로 유학을 했을 때는, 앞에서 말한 바와 같은 고육지책으로 번 수입을 모두 합쳐도, 이전 수입의 4분의 1 정도밖에 되지 않았습니다. 단독 주택의 방 한 칸을 빌렸고, 기본적으로 식사는 자취, 옷도 할인 판매 때 산 것 몇 벌을 돌려 입는 식이었지만, 스스로 특별히 절약하고 있다는 의식은 없었기 때문에 전혀 힘들지 않았습니다.

회사 생활을 할 때처럼 쉬는 날마다 어딘가 외출하거나 맛있는 것을 먹으러 가는 등, 기분 전환에 필요한 의식도 돈도 시간도 모두 사용하지 않게 된 만큼 오히려 여유를 느낄 정도였습니다.

수입이 적어진 만큼 그것에 비례해서 지출도 적어졌지만, 대신 자신이 하고 싶은 일을 하기 위한 시간이 늘어난 것입니다.

천직창조를 하기 위해서는, 먹고살기 위해 꼭 필요한 수준 이상의 수입을 얻는 것에 급급하기보다, 오히려 그 시간이라는 자원을 확보하는 쪽이 중요하다고 생각합니다.

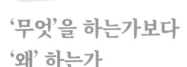

'무엇'을 하는가보다
'왜' 하는가

이쯤에서 더욱 본질적인 방향의 이야기로 돌아가고자 합니다.

저는 '진정한 일'은 형태가 없지 않을까 생각합니다. 바꾸어 말하면, 그 사람이 '무엇'을 하고 있는가보다, '왜' 하고 있는가 하는 점이 더욱 그 사람의 '진정한 일'에 가깝지 않은가 생각합니다.

예를 들어, 자신이 좋아서 영업 일을 하는 사람이 몇 명인가 있다고 칩시다. 하지만 왜 영업하는지는 사람에 따라 틀림없이 다를 것입니다. 어떤 사람은 항상 밖에서 활동하는 것이 좋아서 영업을 할 수도 있고, 또 다른 사람은 많은 사람들과 만나서 이야기하는 것이 좋아서 영업을 할 수도 있습니다. 사람을 설득하는 것이 좋아서일 수도 있고, 자신이 다루는 상품과 서비스에 진심으로 반해 더욱 많은 사람들에게 전달하고 싶어서 영업을 할 수도 있습니다.

이렇듯 '왜' 쪽이 영업이라는 형태가 있는 직업보다 그 사람의 본질, 그 사람의 순수 의욕과 삶의 목적에 대해서 많은 것을 이야기하고 있는 듯이 느껴지지 않습니까?

제가 이것을 명확하게 인식한 것은 미국에 간 지 거의 1년 정도 지났을 무렵 〈The Color of Fear(두려움의 색)〉라는 영화를 보러 갔을 때였습니다. 이것은 미국에서의 인종 차별이라는 주제를 정면에서 들춘 작품으로, 그날 영화를 만든 '리문워'라는 이름의 중국계 미국인이 상영회 겸 강연회를 가까운 곳에서 한다는 소문을 듣고, 강연회에 참가하기로 했습니다.

영화 자체는 상당히 생각하게 만드는 훌륭한 작품이었지만, 저는 영화보다 리 감독이 겪은 이야기에 더욱 끌리는 부분이 있었습니다. 그는 원래 샌프란시스코 동부의 작은 마을인 버클리에서 소박하게 카운슬러를 하고 있었는데, 그 영화를 만들기 몇 년 전, 흑인 남성에게 어머니가 살해당하는 비극이 일어났습니다. 그 사건을 계기로 자신의 주변 사람들이 범인뿐만 아니라 흑인 전반에 대해서 심한 증오를 가지게 된 것을 보고, 그는 오히려 그러한 현상을 우려하게 된 것입니다.

이후, 그는 '이 세상에서 인종 차별을 없애고 싶다'는 생각이 강하게 들었고, 메시지를 널리 전파하는 방법이 없을까 생각한 끝에 영화를 만들게 되었다고 합니다. 질의응답 시간에 나온 "이전부터 영화감독이 되고 싶었습니까?"라는 질문에 대해 그는 다음과 같이 말했습니다.

"제 메시지만 전달할 수 있다면, 딱히 영화감독이 아니어도 상관 없었습니다."

그 말을 들었을 때, 저도 모르게 무릎을 치며 '이것이야말로 진정한 일이 아닌가!' 하고 마음속으로 외쳤습니다.

우리는 무의식중에 영화감독이나 카운슬러처럼 형태가 있는 것에 집착하기 쉬운데, 리 감독의 이야기를 들으면서 저는 '실제로 일을 통해서 어떤 메시지를 전달하고 싶은가' 하는 것이 그 일 자체보다 중요하지 않을까 하는 생각이 강하게 든 것입니다.

천직은 복수의 일로 이루어진 포트폴리오

여기에서의 메시지는 제가 말하는 삶의 목적을 말합니다. 리 감독의 경우, 그야말로 어머님의 죽음이라는 불행한 사건을 계기로 '인종 차별을 이 세상에서 없애겠다'는 순수 의욕이 싹텄고, 이는 곧 삶의 목적이 되었습니다.

그는 이 삶의 목적을 표현하기 위해서 크게 3가지의 일을 했습니다. 첫 번째는 영화감독으로서 인종에 대한 편견을 주제로 하는 영화를 제작한 것입니다. 두 번째는 강사로서 각지에서 강연회와 연수를 열고 어떻게 인종 편견을 없애면 좋은가에 대해 설득하는 것입니다. 그리고 마지막으로 카운슬러로서, 특히 인종 편견으로 힘들어하는 사람들을 치유하는 것입니다. 그 역시 '복수의 직업'을 실천하고 있었던 것입니다(그림 5 참조).

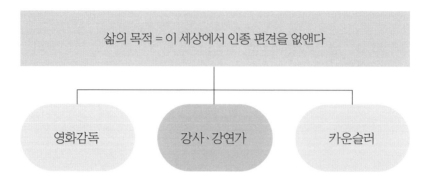

그림 5 리 감독의 천직 포트폴리오

삶의 목적 = 이 세상에서 인종 편견을 없앤다

영화감독   강사·강연가   카운슬러

여기에서 주목해야 할 부분은, 그의 모든 일이 '이 세상에서 인종 편견을 없앤다'라는 삶의 목적을 토대로 하고 있다는 점입니다. 같은 복수의 직업이라 해도 아무런 연관이 없는 복수의 직업보다 이처럼 자기 삶의 목적을 토대로 한 일관성 있는 복수의 직업 쪽이 더 정신을 풍요롭게 하지 않을까요?

제 경우에도 유학에서 돌아온 후 얼마간 '사람이 본래 지닌 가능성을 최대한으로 발휘할 수 있도록 지원한다'라는 삶의 목적을 토대로, 우선은 '그 사람이 지닌 힘을 최대한으로 발휘한다면 어떤 일을 할 수 있을지' 깨닫는 계기가 될 수 있도록 '천직창조 세미나'를 개최함과 동시에 세미나에서 깨달은 자신의 천직이 실제 열매를 맺을 때까지 지원하는 '코칭'을 제공해왔습니다.

또한 메시지를 더욱 널리 전파하기 위해 잡지에 기사를 기고하거나, 강연을 하기도 했습니다. 현재는 활동의 폭이 한층 넓어지고 이것들은 다소 형태가 변화했지만, 지금까지 모두 진행하고 있습니다. 이 때, 저는 '세미나 강사'도 '코치'도 아니었습니다. 하물며 '강연가'나 '라이터'도 아니었습니다.

이 일들은 제 삶의 목적을 표현하기 위한 '수단'이며, 메시지를 전달하기 위한 '미디어'에 지나지 않는 것입니다(그림 6 참조).

제가 생각하는 '창직'이나 '복수의 직업'은 궁극적으로는 이렇게 삶의 목적을 핵으로 한 복수의 일로 이루어진 포트폴리오를 만들어내는 것을 의미합니다.

굳이 고정적일 필요는 없고, 유동적이어도 상관없습니다. 삶의 목적을 탐색해가는 것 자체를 일이라고 생각한다면, 당연히 그에 대한 깨달음이 깊어짐에 따라 표현하기 위한 수단도 변할 수밖에 없기 때문입니다.

그림 6 나의 천직 포트폴리오(1999년 당시)

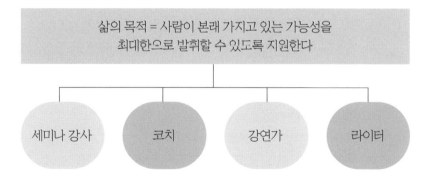

중요한 것은 그 시점에 자신이 하는 일이 최대한 일관성을 가지는 것, 일관성이 있으면 있을수록, '그것을 통해서 전하고자 하는 자신의 가장 중요한 메시지 = 삶의 목적'이 주변 사람들에게 전해지는 것이겠지요. 그것이야말로 제1안경에서 제가 말한 '일이란 삶의 목적을 표현하는 것이다'라는 것이 최종적으로 의미하는 바입니다.

이처럼 천직을 삶의 목적을 중심으로 한 복수의 일로 이루어진 포트폴리오로 받아들이면, 복수의 일에 포함된 하나하나의 직업 자체는 그 사람 독자적인 것이 아니었다고 해도, 전체로 보면 그 사람이기 때문에 가능한, 바꾸어 말하면 그 사람만 할 수 있는 독자적인 일이 됩니다.
즉, 천직은 사람의 수만큼 존재하는 것입니다.

해봅시다 ⑤

해봅시다 ④에서 작성한 당신의 순수 의욕을 조합해 만든 직업 리스트를 다시 한번 봐주세요. 그중, 제2장의 마지막에 생각한 삶의 목적에 해당한다고 생각되는 것에 밑줄을 그어보세요.

다음으로, 그중에서도 가능하다면 실제로 꼭 해보고 싶은 것에 동그라미를 그려주세요.

이제 동그라미를 친 일을 당신이 모두 동시에 하는 모습, 그것들을 통해 삶의 목적을 표현하는 모습을 상상해보시기 바랍니다. 그것은 어떤 느낌인가요? 느낀 것들을 노트에 적어보세요.

 Summary
제3장 정리

▶ 기존 직업은 모두 누군가 자신의 상황과 세상의 상황에 맞게 만든 것이다. 그러니까 당연하게도 내가 그 직업에 맞을 리가 없다.

▶ 자신의 순수 의욕을 조합해서 맞춤복과 같은 자신만의 일을 하는 것은 새로운 직업을 창조하는 것이고, 이것이 미래에 일반적 직업이 되기도 한다.

▶ 물질의 시대에서 일이란 '기존 직업에 자신을 맞추는 것'으로 생각했다. 그러나 정신의 시대에서는 일을 '나에게 맞는 일을 창조하는 것'으로 생각할 필요가 있다.

▶ 물질의 시대에는 일을 '동시에 하나밖에 가질 수 없는'으로 생각했다. 그러나 정신의 시대에는 '동시에 여러 개 일을 가질 수 있는'으로 생각할 필요가 있다.

▶ 현실에서 천직을 만들기 위해서는 동시에 여러 일을 겸하는 '복직'의 발상이 필요하다.

▶ 복수의 수입원을 가지면 하나의 일만 가질 때처럼 단일 수입원에 의존할 필요가 없다. '택시 잡'을 가지면 자기가 하고 싶은 일만 해도 생활할 수 있을 때까지 과정을 지탱할 수 있다. 여기서 '택시 잡'이란 하고 싶은 일은 아니지만, 수입을 얻을 수 있는 임시 직업을 말하며, 자기가 하고 싶지 않은 일을 하는 위치에서 하고 싶은 일만 할 수 있는 위치까지 우리를 데려다 주는 기능을 비유적으로 의미한다.

▶ 순수 의욕에 따라 하고 싶은 일을 하려고 할 때 필요한 자금과 자원은 자연스럽게 모여든다. 이것이 '신의 비즈니스'이기 때문이다.

▶ 하고 싶지 않은 일을 하면 스트레스가 쌓이고, 스트레스를 해소하기 위해 돈을 써야 한다. 반대로, 하고 싶은 일을 하면 스트레스가 쌓이지 않기 때문에 하고 싶지 않은 일을 할 때만큼 스트레스 해소에 돈을 쓰지 않아도 된다.

▶ '무슨 일을 하는가'보다 '왜 그 일을 하는가'가 '진정한 일'이 무엇인지를 잘 드러낸다.

▶ 삶의 목적에 기반한 일관성 있는 워크 포트폴리오를 갖고 있으면 자신이 전하고 싶은 인생 메시지를 표현할 수 있게 된다.

....

가토 다이고 씨 - '피스풀 라이프 워커'

가토 다이고 씨(41세)는 약 10년 전, 야마나시현 쓰루시(山梨県都留市) 산속의 직접 지은 집에서 배우자와 4명의 아이, 그리고 많은 동물에 둘러싸여 살고 있다. 자연의 힘을 활용한 농업을 하고, 한 가족이 먹고살 만큼의 음식을 만들면서 자신이 설립한 NPO 법인 쓰루 환경 포럼의 대표이사로서 동료들과 함께 마을 조성 활동에도 노력을 기울이고 있다.

이것은 가토 씨에게 비교적 새로운 일이다. 그는 원래 자신이 20대 때 설립한 어스 컨셔스(earth conscious)라는 회사를 통해 주로 어린이들을 대상으로 자연 체험 프로그램을 제공하는 일을 오랫동안 해왔다. 지금까지 해온 활동들은 '생태계의 일부가 되는 기쁨을 직접 느끼고, 타인에게도 그 기쁨을 전하고 싶다'라는 마음에서 비롯되었다는 공통점이 있다. 어스 컨셔스라는 회사 이름도 '지구를 의식한다'라는 것에서 따왔다.

가토 씨가 지구에 관심을 가지기 시작한 것은 고등학교를 졸업 후 스포츠 강사가 되기 위해 전문학교에 다닐 때였다. 그는 당시 여름 아르바이트로 치바현 구주쿠리(千葉県九十九里)에서 안전요원 일을 했는데, 태풍 등에 대비한 훈련과 실제 구조활동으로 바다에 나갔다가 몇 번인가 죽을 뻔한 체험을 통해 자연의 큰 힘을 똑똑히 알게 된 이후로, 지구라는 존재를 더욱 가깝게 느끼게 되었다고 한다.

또한 같은 시기에 등산도 좋아하게 되었고, 바다와 산의 차이는 있었지만, 바다에서 느낀 것과 같은 자연의 혹독함과 풍요로움에 더욱 매료되어

갔다. 전문학교 졸업 후 그때 당시 드물었던 스포츠 강사로 취직하며 바라던 대로 강사의 길을 걷기 시작했지만, 생각했던 것과 다르게 일은 지루했고, 결국 6개월 만에 그만두게 된다.

가토 씨는 그만두기 전 강습회에 참가한 것을 인연으로 알게 된 한 야외 교육 회사의 문을 두드렸지만, 그 회사에는 가토 씨를 사원으로 채용할 만한 여유가 없었기 때문에 처음에는 무료로 커피를 타거나 복사를 하는 일부터 시작하게 되었다. 그래도 가토 씨는 이 회사의 일이 즐거웠고, 매일 새로움을 발견하는 연속이었기에 수입이 거의 없어도 힘들지 않았다고 한다. 차츰 익숙해지면서 아르바이트 개념으로 야외 교육 프로그램에도 참여할 수 있게 되었고, 다음 해부터는 인턴으로서 조금이지만 급여도 받게 되었다.

처음 문을 두드리고 2년 반이 지난 후, 가토 씨는 정식 사원이 된다. 그 무렵 자신이 생각한 기획안을 계속해서 제출했고, 급성장 중인 회사에서 인정받는 존재가 되었다. 가토 씨가 제안한 기획은 자연을 체험할 뿐만 아니라, 참가한 사람들의 자립심을 기르는 내용의 것이 많았다. 예를 들어, 중고생 대상의 자전거 투어에서는 어디를 어떻게 달릴 것인지 본인들이 정하게 했다.

하지만 회사의 경영진은 그렇게 리스크가 높고 범용성이 낮은 기획 보다 일반인에게 인기가 있는 기획에 무게를 두었기 때문에 차츰 가토 씨와는 콘셉트가 맞지 않게 되었다. 결국 가토 씨는 자신이 하고 싶은 기획을 직접 하기 위해, 26세 때 독립해서 어스 콘셔스를 설립한다.

하지만 세상은 쉽지 않았다. 회사 설립 후 2~3년 동안은 여러 가지 기획을 실행해보았지만, 좀처럼 사람들이 모이지 않아 힘든 시기를 보내게 된다. 그러던 중, 한 강습회에서 알게 된 사람이 "우리 지역에 자연 학교를 세워보는 건 어때요?"라는 말을 건넨다. 그 지역은 나가노현 마다라오(長野県斑尾)로, "마을에서 제대로 쓰이지 않고 있는 시설을 통째로 빌려줄 테니 마음껏 사용해도 좋아요"라고 했다. 거절할 이유도 없어 제안을 받아들인 가토 씨는 처음부터 자연 학교를 세워, 1년 동안 무려 3,000명 이상을 모으는 데 성공한다. 하지만 자연 학교는 지역 분쟁에 휘말려 단 1년 만에 폐쇄하게 된다.

이미 다음 해의 기획을 구상 중이었던 가토씨는 충격을 받고 실의에 빠져 도쿄로 돌아온다. '그 무렵, 저는 살아봤자 아무 의미 없다는 생각에 매일 한숨만 내쉬었어요.'

그러던 어느 날, '버리는 신이 있으면 줍는 신도 있다'고, 야외 교육 회사에서 일할 때 상당히 도움이 되었던 은사님으로부터 전화가 걸려온다. "혹시 시간이 있다면, 자네가 꼭 도와줬으면 하네."

다음 해에 개최 예정인 사랑·지구 박람회의 중요한 프로젝트 결산을 의뢰받은 것이다. 존경하는 은사님이 정중하게 부탁하시니 '어쩌면 아직은 내가 도움이 될 수 있을지도 모른다'라고 생각한 가토 씨는 "저라도 괜찮으시다면 해보겠습니다" 하고 의뢰를 받아들인다.

하지만 그건 시작에 불과했다. 애초에 은사님이 가토 씨에게 의뢰한 것도, 프로젝트를 완성시키기 위해 필요한 예산과 시간, 노력이 모두 압도적으로 부족했기 때문이었다. 가토 씨는 지구 박람회가 개최되기 전, 몇 개월 동안은 거의 자지도 못하고 쉬지도 못하며 일했고, 때로는 직접 목공 도구를 들고 시설의 건설과 배선 공사까지 했다.

그런 노력이 빛을 발한 덕분에 개막식까지 일정을 맞출 수 있었고, 은사님을 비롯한 많은 사람들에게 감사의 인사를 받았다.

"인생에서 그렇게 열심히 일한 것은 이전에도 이후에도 없었지만, 굉장한 자신감이 생겼습니다."

그런데 이때의 체험이 의외의 형태로 가토 씨 인생에 들어오게 된다.

예전부터 숲이 있는 곳에서 살고 싶었던 가토 씨는 마다라오에서 도쿄로 돌아온 후, 유토피아를 꿈꾸며 관동 일대를 구석구석 찾아다녔는데, 그 결과 도착한 것이 야마나시현 쓰루시였다. 땅을 구입하기 위해 대부분의 자금을 써 버려 집은 직접 지을 수밖에 없다고 생각했던 참에 가토 씨에게 지구 박람회의 일이 들어왔다.

지구 박람회 프로젝트를 함께했던 사람들 중 가토 씨가 몸을 아끼지 않고 일하는 모습에 감동한 이들이 폐막 후 가토 씨의 '내 집 짓기 계획'에 도움이 되고 싶다며 모였다. 어떤 사람은 노동력을, 어떤 사람은 재료를, 어떤 사람은 공구를 빌려주겠다고 함으로써 집을 짓는 데 필요한 자원이 점점 모였고, 마침내 집이 완성된 것이다. 요컨대, 지구 박람회 일을 통해 가토 씨의 주변에는 '사람의 생태계'가 생겼고, 처음에는 불가능하다고 생각했던 것이 가능하게 된 것이다.

'가토의 집'이라는 이름을 붙인 집에서 생활을 시작한 직후, '생태계의 일부가 되겠다'라는 감각을 더욱 살리고자 가까운 전답을 빌리고 농가 자격도 따서 소규모이지만 농업을 시작한다. 시간을 들이면 들일수록 잘 자라는 채소와 곡물을 보고 감동해, 이번에는 집의 대지에서 닭과 양 등의 가축을 기르기 시작했다.

"예를 들어 기르던 양이 앉아서 먹이를 먹고 있는데 파리 같은 작은 벌레가 꾀어들고, 벌레를 쪼아 먹기 위해 병아리가 양의 등 위에 올라타고, 딸이 지푸라기를 까는 등의 일을 하고 있으면 저쪽에서 아내가 '인제 그만 밥 먹으러 와~'라고 이야기를 하죠. 그런 광경을 보았을 때 저는 굉장히 행복하다고 느껴요"라고 가토 씨는 말한다.

종(種)을 초월해서 대화가 통하는 것도 아님에도 각자가 자신과 어울리는 장소에 따로 있지만 서로 연결되어 있다. 가토 씨는 그런 행복이 넘치는 삶을 실천하는 사람이라는 의미로 자신을 스스로 '피스풀 라이프 워커'라고 칭한다.

하지만 그 정도로는 자신과 자신의 가족만 행복하면 된다는 자기만족으로 끝나기 쉽다. 가토 씨는 무언가 자기 혼자서는 할 수 없는 일을 하고자 4년 전에 NPO 법인 쓰루 환경 포럼을 설립하고 '지구 환경을 배려한 마을 만들기'와 '지구 문화의 계승과 재제안'이라는 2가지를 축으로 하는 마을 조성 활동에 임하고 있다. 이렇게 마을을 조성하는 이유는, 마을도 하나의 생태계이며 자신들 역시 그중 일부이기 때문에 그 안에서 산다는 인식이 있기 때문이다.

현재 스태프는 가토 씨를 포함한 5명으로, 특이한 점은 운영 방법이다. 일반적으로는 무엇을 할지를 전체적으로 정한 다음, 그것을 각각 담당해서 나누는 방식을 취하지만, NPO에서는 각 스태프가 우선 2개의 축에 따라서 자신이 하고 싶은 일을 신청하고, 모두 함께 그것을 어떻게 하면 실현할 수 있을지 생각한 후, 서로에게 협력하면서 진행해간다. 이것도 조직을 하나의 생태계로 생각하다가 찾아낸 방식이다.

"가족과 조직, 마을, 국가, 그리고 지구. 모든 레벨에서 생태계를 의식하는 것이 모두의 행복으로 이어집니다. 저는 그런 믿음으로 매일 활동하고 있습니다."

제4장

공명을 위한 행동

자신만의 천직을 창조하려면
무엇을 먼저 시작할 것인가

모든 현실은
이상 속에 있다

3장에서는 '창직'과 '복수의 일'을 통해 자기 삶의 목적을 표현한 '천직'을 어떻게 만들면 좋을까에 대한 생각을 이야기했습니다. 이 장에서는, 실제로 어떠한 프로세스를 거쳐서 '천직창조'를 진행하면 좋을지에 대해 더욱 깊이 이야기해보고자 합니다.

혹시, 여러분은 여기까지 읽으며 이 책에 쓰여 있는 내용이 '현실적'이라고 생각하시나요? 아니면 '이상적'이라고 생각하시나요?

어쩌면 '말하고자 하는 바는 알겠지만, 현실이 그렇게 뜻대로 되는 건 아니지 않아?'라고 생각하는 분들도 계실 것입니다. 그래서 천직창조 프로세스에 관해 이야기하기 전에 '현실과 이상'에 대해 잠시 생각해보고자 합니다.

어쩌면 여러분도 경험해본 적이 있을지 모르겠지만, 저는 젊은 시절 무언가 '이상적'인 이야기를 하면 주변 사람들이 "좀 더 현실을 봐"라는 식으로 이야기하며 타이르곤 했습니다. 하지만 잘 생각해보면 지금 우리가 접하고 있는 현실 대다수가 옛날에는 '이상'이었습니다.

비행기를 예로 들어보겠습니다. 보통 여행이나 출장을 갈 때 타는 '하늘을 나는 물체'는 아무리 봐도 그저 현실입니다. 하지만 라이트 형제가 1903년에 인류 처음으로 유인 동력 비행에 성공하기까지는 그저 '이상'에 지나지 않았습니다.

누군가가 '언젠가는 나도 새처럼 하늘을 날고 싶어'라는 이상을 가지고, 그것을 좇은 것이 비행기 발명으로 이어진 것입니다. 로켓 역시 마찬가지입니다. 100년 전에는 누구도 밤하늘에 떠 있는 저 아름다운 달에 인류가 갈 수 있으리라고 믿지 못했으니까요. 인간이 가지는 이상의 힘은 굉장한 것입니다.

'모든 것은 2번 만들어진다'라는 말이 있습니다. 처음에는 머릿속에서 그린 다음, 실제 형체가 있는 것으로 만들어진다는 의미입니다. 집 짓기를 떠올리면 이해하기 쉬울 것입니다. 집을 지을 때, 갑자기 시작하는 사람은 없습니다. 대부분은 설계도를 그리고, 그 후에 실제로 짓기 시작합니다.

즉, 우리 인간이 만들어낸 현실의 모든 것이 처음에는 이상이었다는 이야기입니다. 오늘의 이상은 내일의 현실입니다. 누군가가 밤에도 밝게 지내고 싶다고 생각했기 때문에 전기가 발명되었습니다. 이렇게 모든 현실이 결국 이상 속에 있다고 말할 수 있지 않을까요?

'어른'인 척한 대가는
무엇인가?

사람이 "좀 더 현실을 봐"라고 말할 때, 그것과 세트로 "좀 더 어른이 돼"라는 말도 같이 듣는 경우가 있습니다. 즉, '어른이 된다는 것은 더욱 현실적이 되는 것'과 같다는 생각이 일반적이라는 것입니다. 하지만 정말로 그럴까요?

미국 원주민 부족에서는 어른을 '비전을 가진 사람'이라고 생각합니다. 이런 부족에서 자란 원주민 청년들은 인생의 어떤 시기가 되면, 홀로 대자연에 들어가 단면단식(斷眠斷食)을 하며 그야말로 목숨을 걸고 비전을 찾는 '비전 퀘스트'라는 통과의례를 거쳐야만 합니다. 비전을 찾지 못하면 부족에 속한 어른 중 하나로서 인정받지 못하는 것입니다.

여기에서 '비전'은 '이런 세상이 됐으면 좋겠다', 그리고 '나는 이런 역할을 하고 싶다'라는 개인의 염원이며, 사람이 그리는 이상입니다. 이 사고방식에 비추어보면, 우리 주변에서 '어른'은 어느 정도가 있을까요?

"좀 더 현실을 봐"라고 말하는 사람들도 처음부터 그런 삭막한 '현실파'는 아니었을 것입니다. 젊은 시절에는 나름의 이상을 가지고 그것을 좇으려고 했지만, 주변의 자칭 '어른'들에게서 현실적으로 되도록 압박을 받고, 본의 아니게 그 이상을 억눌러 버린 사람들이 의외로 많을 것입니다. 그런 일이 반복되는 동안 아메리카의 원주민이 말하는 '어른'이 더욱 희소성 있는 존재가 되는 것인지도 모릅니다.

여기에서 생각해야 할 것은 이렇게 자신의 이상을 억누르고 '어른'인 척한 대가가 무엇인가 하는 점입니다. 그렇게 해서 잃어버린 것은, 꿈이 이루어지고 이상이 현실이 되었을 때 자신이 얻을 수 있었을 기쁨과 그것으로 인해 다른 사람들이 받을 수 있었던 혜택뿐만이 아닙니다. 자신이 진심으로 원하는 것을 억누르는 것은 자신에 대한 배신이라고 말할 수 있습니다.

자신의 이상을 억누르고 '어른'인 척하는 것은 과장되게 말하면 자기 자신을 배신했다는 '마음의 십자가'를 계속 짊어지고 있어야만 한다는 것을 의미하며, 그것이야말로 최대의 대가일 것이라 생각합니다.

'악마의 속삭임'을
조심하라

여기서 하나, 여러분께서 좋아할 만한 뉴스가 하나 있습니다. 이렇게 자기 자신을 배신하고 꿈과 이상을 억누르는 것은 사실 우리 잘못이 아닙니다. 그렇기에 '원인'을 알아낼 수만 있다면, 속박에서 스스로를 해방시킬 수도 있습니다.

그렇다면 우리를 이렇게 필요 이상으로 현실적인 생각을 하게 만들어버리는 것은 무엇일까요? 그 정체는 바로 제가 '악마의 속삭임'이라고 부르는 것입니다. 악마의 속삭임은 예를 들어 '그런 일을 해봤자 어차피 쓸데없어', '지금까지 뭔가 새로운 일을 해서 잘된 적 있었어?', '이미 예전부터 다른 사람들이 많이 하고 있는데, 인제 와서 해봤자 늦었어'처럼 자신이 스스로의 순수 의욕에 따라 꿈과 이상을 좇아 전진하려 할 때마다 머릿속에서 고장 난 레코드처럼 반복해서 흘러나오는 부정적인 메시지입니다.

이 메시지가 들려오면 하고자 하는 의욕이 아무리 넘쳤던 사람이라 해도 갑자기 영혼이 사라진 것처럼 힘이 빠져버립니다. 여러분도 이런 메시지를 한두 번쯤 어딘가에서 들은 적이 있지는 않나요?

그럼 대체 왜 그런 메시지가 우리 머릿속에서 들리는 것일까요?

의외로, 이 메시지는 우리를 상처 입히기 위해서가 아니라, 상처 입지 않도록 우리를 지키기 위해서입니다. 이런 메시지 대부분은 우리가 아직 어렸을 때, 부모님이나 주변 어른들에게서 들었을 것입니다.

"변호사가 되고 싶다고? 좀 더 머리가 좋아야 할 텐데⋯"

"여배우? 무리야 무리. 여배우가 되고 싶어 하는 사람들이 얼마나 많은데."

이런 말을 들어본 적도 있지 않나요? 이 말을 한 사람들은 아마도 나쁜 뜻이 있어서가 아니라 단순히 우리가 무언가 어려운 일에 도전했다가 실패하고, 상처 입지 않았으면 좋겠다는 '부모의 마음'에서 말한 경우가 대부분일 것입니다.

문제는, 이런 메시지가 말한 사람들의 의도를 떠나 우리 머릿속에서 혼자 맴돌게 된다는 것입니다. 그렇게 우리의 머릿속을 맴돌게 된 메시지가 악마의 속삭임입니다. 부모의 마음으로 한 말이, 오히려 그 사람의 가능성을 짓눌러버리는 역할을 하게 된다니 참으로 아이러니한 일이지요.

두려움을 극복하는
심리적인 방법

이 '악마'의 의도는 단 하나, 우리가 '변화'하지 않도록 감시하는 것입니다. 꿈과 이상을 좇는 것은, 익숙하고 친숙한 현재 상황에서 뛰쳐나가 무언가 변화하는 것을 의미합니다.

변화하는 것에는 반드시 어떠한 위험이 동반됩니다. 이때 책임질 리스크가 크면 클수록, 그만큼 실패할 확률도 높고 상처 입을 가능성도 커집니다. 악마가 두려워하는 것은 바로 그것입니다.

하지만 악마가 무서워한다고 해서 우리까지 함께 두려워할 필요는 없습니다. 공포심을 느꼈을 때, 두려워하는 것은 자신이 아닌 악마라 생각하고 공포심을 객체화시켜버리면 되는 것입니다.

예를 들어, 혹시 당신 머릿속에서 '나는 무엇을 해도 안 돼'라는 메시지가 흘러나온다면, 바로 '아, 악마가 두려워하고 있구나'라는 식으로 그 공포심을 밖으로 내보내 버리는 것입니다. 나아가 '나를 지켜주려는 것은 고맙지만, 나는 이것을 꼭 하고 싶어'라고 생각하면 됩니다.

뻔한 말일지도 모르지만, 이미 많은 심리학자들이 실증해온 매우 유효한 방법입니다. '악마의 속삭임'이라는 말은 제멋대로 붙인 말이지만, 사고방식은 결코 제가 새롭게 발명한 것이 아닙니다. '패밀리 메시지(부모님께 계속 들어온 말이므로)', '부정적 테이프(부정적인 말을 테이프처럼 반복하기 때문에)', '말하는 상자(항상 머릿속에서 쓸데없는 말을 하기 때문에)', '내부의 비평가(항상 '이건 안돼, 저건 안돼'라고 비평만 하기 때문에)' 등, 명칭은 심리학자에 따라 조금씩 다르지만, 우리 안에서 무언가 그런 심리적인 메커니즘이 움직이고 있다는 점에 관해서는 다분히 일치하는 것 같습니다.

덧붙이자면 제가 공부한 코칭에서도 이 콘셉트는 큰 부분을 차지하고 있는데, 이것을 '사보타주(sabotage, 자신이 하고 싶은 일을 저해하려고 하기 때문에)'라고 부릅니다.

이 사고방식의 포인트는, 우리가 스스로 꿈과 이상을 향해 전진하려 할 때, 필연적으로 우리의 마음속에서 싹트는 공포심을 객체화시킴으로써 우리가 공포심에 동화되는 것을 피하는 데 있습니다. 공포심과 동화되면 자신이 '공포' 자체가 되어버려서 꼼짝도 할 수 없게 되어버리지만, 그것을 '악마의 속삭임', '악마'라고 객체화시키면 공포심과 자신 사이에 어느 정도 거리를 둘 수 있기 때문입니다.

당신 안에는 어떤 '악마의 속삭임'이 자주 들려오나요? 당신이 무언가 하고 싶은 일을 하려 할 때, 항상 들려오는 머릿속 메시지는 무엇입니까? 생각나는 대로 노트에 적어주세요.

그 메시지가 머릿속에서 들려올 때마다, 노트에 쓴 메시지 옆에 '正' 자를 써서 세어보세요. 하다 보면 다른 메시지가 떠오를 수도 있습니다. 그렇다면 새로운 메시지도 마찬가지로 노트에 쓰고 正 자로 세어보세요.

이러한 작업을 통해 악마의 속삭임이 세상에 드러나면, 그 위력이 약해질 것입니다. 어느 정도 이 작업을 했을 때, 당신의 공포에 어떠한 변화가 생겼는지 곰곰이 생각해보세요.

순수 의욕에 대해 들으면,
사람은 그것에 기여하고 싶어진다

그러면 악마의 속삭임에 마음을 빼앗기지 않고 천직을 창조하기 위해서는 어떻게 하면 좋을까요? 가장 먼저, 자신의 순수 의욕을 다른 사람에게 말하는 것입니다. 언뜻 들으면 단순한 이야기일 수도 있지만, 이는 모든 것의 시작이 될 것입니다.

제 세미나에서는 자신이 하고 싶은 일에 대한 아이디어가 어느 정도 나오면, 몇 명씩 그룹을 지어서 한 명씩 순서대로 '사실 저는 이런 일이 하고 싶습니다'라는 이야기를 합니다. 그러면 주변 사람들은 그 사람이 한 발자국이라도 꿈과 이상에 가까워질 수 있도록 무언가 구체적이고 건설적인 조언을 해줍니다.

잠시 상상해보세요. 누군가가 당신에게 진심으로 '저는 이런 일을 하고 싶습니다'라고 이야기했을 때, 당신은 어떤 생각이 들 것 같나요? 분명 '내가 아는 것 중에 도움이 될 만한 건 없을까?'라는 생각이 자연스럽게 들지는 않으신가요?

저는 누군가 진심으로 '무언가 하고 싶다'는 순수 의욕을 이야기하면 자신도 모르는 사이에 상대방의 순수 의욕에 기여하고 싶다고 생각하게 하는 어떠한 성질이 우리 안에 내재해 있지는 않은지 생각합니다. 물론 '하고 싶은 일을 해서는 안 된다'라는 고정관념이 너무 강하거나, 그 사람이 하고자 하는 일에 무언가 이해관계가 있다면 그런 마음이 좀처럼 들지 않을 수도 있지만, 그것까지도 악마의 짓이며, 마음속으로는 누구라도 서로의 꿈과 이상을 응원하고 싶을 것입니다.

사실, 제 세미나를 통해 앞서 말한 연습을 하다 보면, 상담한 사람이 오히려 깜짝 놀랄 정도로 주변 사람들이 다양한 긍정적 조언을 아주 열심히 해주는 광경을 거의 매번 볼 수 있습니다.

순수 의욕에는 인간이 가진 본성을 이끌어내는 힘이 있는지도 모릅니다. 그러한 힘이 정말 있다면, 자신의 순수 의욕을 있는 그대로 사람들에게 말했을 때, 그 의욕이 열매를 맺을 수 있는 유익한 조언이 그만큼 모일 것입니다.

깜짝 놀랄 공명의 힘

제가 이 사실을 깨달은 건 미국 유학을 간지 얼마 되지 않았을 때였습니다. 당시 참가했던 한 워크숍에서, 이와 비슷한 연습을 했습니다.

지금도 그때의 일이 너무나 생생합니다. 처음 이야기를 시작한 것은 제 오른쪽에 앉아 있던 아주 조용한 여성이었습니다. 그녀는 자연을 소재로 한 소설을 쓰는 것이 꿈이어서 실제로 쓴 소설을 2~3군데의 출판사에 가져갔지만, 모두 단칼에 거절당해 자신감을 잃고 소설 쓰는 것 자체를 그만두었다고 했습니다.

그때, 제 왼쪽에 앉아 있던 인상 좋은 여성이 이렇게 말했습니다.

"사실 저는, 플랜트 코디네이터(가게 등의 인테리어에서 어떤 관엽 식물을 두면 좋은지 조언하고 준비하는 일)인데요, 바로 얼마 전에 출판사에서 일하는 친구와 세상 사람들이 관엽식물에 대해서 좀 더 알 수 있는 책을 내고 싶다는 이야기를 한 적이 있어요. 하지만 저는 문장을 잘 못 쓰거든요, 혹시 괜찮다면 우리의 프로젝트에 참가하지 않을래요?"

이 이야기를 들은 소설가 여성의 기쁨은 말할 수도 없었습니다. 어쨌든, 거의 포기했던 꿈이 예상치도 못했던 형식으로 실현에 한 발 가까워졌으니까요.

제 정면에 앉아 있던 신경질적인 얼굴의 남성은, 마지막까지 좀처럼 자신의 꿈을 말하려 하지 않았습니다. 어떤 새로운 비즈니스 아이디어가 있고 그것을 이루는 게 그의 꿈이었는데, 누군가에게 이야기하면 아이디어를 빼앗겨버릴까 봐 걱정이 되었던 것 같습니다.

하지만 혼자 계속 아무 말을 하지 않을 수도 없어서 어쩔 수 없이 이야기했는데, 이번에는 소설가 여성이 생각지도 못한 정보를 그에게 준 것입니다. 그의 아이디어는 건물을 지을 때 사용되고 남은 대리석이나 조각을 이용해 보석을 만들어 파는 것이었는데, 우연히도 소설가 여성의 친척 중에 석재상을 경영하는 사람이 있으니 소개해주겠다는 이야기로 연결되었습니다.

조금 전까지 말하기를 계속 꺼렸던 남성과 같은 사람인가 생각될 정도로, 좋은 정보를 얻은 그의 표정은 180도 바뀌어 화색이 돌았습니다. 이 상황을 보자, 제 머릿속에 앞서 말한 생각이 떠올랐습니다. 사람이 자신이 진심으로 하고 싶은 일을 용기 내어 말할 때, 하고 싶은 마음을 실현하기 위해 도움이 되는 정보가 모인다는 것입니다.

사실 이 또한 그렇게 간단한 일은 아닙니다. 자신이 진심이면 진심일수록, '다른 사람에게 바보 취급당하면 어쩌지', '거절당하면 어쩌지', '아이디어를 빼앗기면 어쩌지' 하는 두려움과 불안함이 고개를 들어 말하는 것을 망설이게 만들기 때문입니다.

하지만 막상 말을 하면 앞에서 예를 들은 것과 같은 일이 일어날 수도 있습니다. 마치, 순수 의욕이 공적인 자리에 자유롭게 떠다니며 자력을 갖기 시작하고, 다른 사람들이 갖고 있던 정보와 아이디어들이 그 자력에 이끌려 나오게 되는 느낌입니다. 이런 현상을 저는 '공명이 일어난다'라고 말합니다.

진심으로 하고 싶지만, 좀처럼 하지 못하고 있는 일은 무엇입니까?

그것을 과감히 누군가에게 말해보세요.

이번 주 중, 최소 5명에게 말해봅시다. 말할 때는, 그냥 하고 싶다 정도가 아니라 "정말 하고 싶다"라고 강하게 어필하며 말해봅시다.

그리고 어떤 공명이 일어나는지 주의 깊게 살펴보세요. 지금 당장 일어나지 않을 수도 있고, 말한 상대방과는 아무 일도 일어나지 않을 수 있습니다. 그렇다 해도 당신이 하고 싶은 일을 하기 위해 도움이 되는 정보가 당신의 눈이나 귀에 들어오지 않는지, 잠깐 주의를 기울여주시기 바랍니다.

혹시 당신이 공명이라고 생각되는 정보가 들어오면, 그것을 노트에 적어두세요.

'사소한 정보'로도
인생은 바뀐다

공명이 일어나 모인 정보에는 여러 가지가 있습니다. 관련된 사람을 소개받을 수도 있고, 어떤 장소를 소개받을 수도 있습니다. 또한 책이나 신문·잡지 등의 기사라든가, 어딘가에서 들은 정보 또는 개인적인 아이디어나 노하우가 될 수도 있습니다. 때에 따라 바로 공명이 일어나지 않고, 시간이 지난 후 '그때 너, 이런 말 했었잖아?'라든가 '얼마 전에 이런 정보를 들었는데, 지금이라도 도움이 될까?'처럼 어느 정도 시차를 두고 일어나는 때도 있습니다.

이러한 정보들은 앞에 들었던 예처럼 극적이지 않을 수도 있습니다. 오히려 '아주 작은 정보'일 경우가 대부분입니다. 하지만 정보가 인생을 바꿀 수도 있습니다.

제가 아직 리크루트에 몸담고 있을 때, 알고 지내던 한 회사의 사장님께 "사실 유학을 하고 싶거든요"라고 제 순수 의욕을 이야기했더니, "도움이 될지는 모르겠지만 재미있는 사람이니까 한번 만나보면 어떠냐"며 재취업 지원 관련 일을 하시는 회사 사장님을 소개해주셨습니다.

유학과 어떤 연관이 있는지 이해가 잘되지 않았지만 일단 그분을 만나러 갔습니다. 그리고 이번에도 역시 "유학을 하고 싶다"는 이야기를 하니 "아는 사람 중에 유학생 상담을 자주 하는 사람이 있어요"라며 또 다른 사람을 소개해주었습니다.

이번에는 그분을 만났고, 마찬가지로 유학에 대한 제 생각을 말하자 '올해 유학 예정인 사람 중 또래가 있으니 이야기를 들어보는 것도 좋을 거다'라며 또 다른 사람을 소개해주었습니다.

마지막으로 소개받은 사람을 만나서 이야기를 들어보니, 미국 샌프란시스코의 어느 대학원으로 곧 유학을 떠난다고 했습니다. 당시 유학이라 하면 MBA밖에 몰랐던 저는 "샌프란시스코라면 UC 버클리인가요? 아니면 스탠퍼드인가요?" 하고 생각 없이 물었는데, 그 사람은 "그렇게 유명하지 않은 대학원이에요. 캘리포니아 인스티튜트 오브 인테그럴 스터디즈, 약어로 CIIS라고 해요"라며 상냥하게 가르쳐주었습니다. 이번에는 "그곳에서 무엇을 공부하실 건가요?"라고 물어보자 조직 개발이라는 분야라고 했습니다.

그리고 그는 "이것은 조직이 먼저인 조직론이 아니라 사람이 먼저인 조직론이지요"라고 말했습니다. 그가 말한 이 말이 제 마음을 크게 움직였습니다.

결국, 그 만남을 계기로 저는 약 2년 후에 회사를 그만두고 유학을 하러 가서 같은 대학원에서 조직 개발을 배우게 됩니다. 그야말로 '사소한 정보'가 차례로 이어진 결과입니다. 이 '사소한 정보'가 제 인생을 크게 바꾸었습니다. CIIS에 유학을 가지 않았다면 천직창조라는 기획을 생각하지 못했을 것이고, 코칭을 만나지도 못했을 것입니다.

저는 '사소한 정보가 인생을 바꾼다'에 대해 설명할 때, 가끔 뉴턴의 이야기를 합니다. 뉴턴은 지금은 누구나 알고 있는 만유인력 법칙을 처음으로 발견한 17세기의 물리학자입니다. 그가 어떻게 만유인력의 법칙을 발견했는지에 관한 이야기는 너무나 유명합니다.

뉴턴은 어느 날, 멍하니 이것저것 생각하다가 눈앞에서 사과 하나가 나무에서 떨어지는 것을 보고 이 법칙의 존재를 깨달았습니다.

'사과가 떨어진다'라는 언뜻 보면 하잘것없는 '아주 작은 정보'가 그의 인생과, 나아가 세계 역사를 크게 바꾸게 된 것입니다.

세상에 넘치는 공명을
주의 깊게 살펴보자

사실 이 뉴턴의 이야기를 한 것은 또 다른 의미가 있습니다. 공명이 반드시 사람에게서 얻어지는 법은 없다는 것입니다. 뉴턴의 경우에는 그것이 '사과'였습니다. 사과가 떨어진 것 자체에는 아무런 의미도 없지만, 그가 그 작은 사건에서 자신이 찾던 정보를 끌어낸 것입니다. 어떤 의미로 사과는 사인 또는 상징이 되어 그에게 공명을 가져온 것입니다.

눈을 크게 뜨고 보면 세상에는 이런 사인과 상징이 넘쳐나고 있습니다. 이런 것들에 어떠한 의미가 있고, 거기에서 어떤 정보와 메시지를 이끌어낼지는 우리 하기 나름입니다.

예를 들어, 몇 주 연속으로 진행되는 강좌를 듣고 싶은 마음에 혹시나 하고 일정을 살펴보았더니, 우연히도 자신의 일정이 비어 있어 참가했다든가, 어떤 일을 할지 말지 망설이면서 길을 걷다가 갑자기 뒤에서 바람이 한바탕 불어와 자신을 밀어줬기 때문에 하기로 결정하는 것 등을 꼽을 수 있습니다.

공명이라 하면 단지 자신이 하고 싶은 일에 관해 이야기만 하고, 다음부터는 누군가의 정보를 기다리는 일이라고 생각할 수 있지만, 사실 그렇게 수동적이지 않습니다. 보다 능동적인 것입니다. 사람들이 주는 정보를 포함해서, 세상에 넘치는 공명을 우리가 의식적으로 확인해야만 합니다.

'무엇이 공명이고 아닌지 어떻게 알 수 있죠?'라 생각할 수도 있습니다. 이 경우에도 대답은 '자신의 마음의 소리에 귀를 기울인다'는 것입니다.

저는 제2장에서, '사람은 자신이 무엇을 하고 싶은지 마음속으로는 알고 있다'라고 했습니다. 이것은 물론 여기서도 해당합니다. 천직을 창조하기 위해서 어떤 스텝을 밟아나가면 좋을지에 대한 대답 역시 이미 각자의 마음속에 있습니다. 단지 '악마의 속삭임'에 방해를 받아서 대답이 잘 들리지 않을 뿐입니다.

그러니 사람들에게 어떤 정보를 얻었을 때 곧바로 '해봤자 부질없어', '그런 게 될 리가 없어'라고 경솔하게 판단하지 말고 마음을 열고 모든 공명을 받아들인 후에, 다음 스텝을 어떻게 내디딜지 결정할 수 있도록 주의를 기울여야 합니다. 사인과 상징은 '악마의 속삭임'을 건너뛰게 해주므로, 오히려 내 안의 답을 찾기 쉬워질지 모릅니다.

공명을 지침 삼아
'우선' 행동하자

지금까지 본인 마음의 소리에 귀를 기울이며 그것을 타인에게 말하고, 거기서 모인 정보를 눈여겨보는 것에 대해 이야기했습니다. 그런데 이것만으로 천직을 창조할 수 있을까요? 무언가 하나 부족하다는 생각이 들지 않으시나요? 이번에는 열심히 모은 정보를 토대로 구체적인 행동을 해야만 합니다. 당연한 이야기이지만 행동으로 옮기지 않으면 아무것도 변하지 않습니다.

행동으로 옮긴다는 말은 절대로 무작정 행동하기만 하면 천직을 창조할 수 있다는 말이 아닙니다. 그런 방식은 오히려 지치기만 할 뿐 아무런 결실도 보지 못할 것입니다. 그렇다면 어떻게 하면 좋을까요? 실제 행동으로 옮기기 위해 지침이 될 만한 것은 없을까요?

그 지침이 될 만한 것이 바로 공명이라는 현상입니다.

공명을 통해 모인 정보를 토대로 먼저 행동으로 옮겨봅시다.

예를 들어, 사람을 소개받았다면 우선 그 사람을 만나 봅시다. 어딘가 장소를 알려주었다면 우선 그곳에 가 봅시다. 어떤 책을 추천받았다면 우선 서점에 가서 그 책을 읽어봅시다. 어떤 구체적인 행동을 조언받았다면 우선 그렇게 해봅시다.

이렇게 '우선'은 해보는 자세가 중요합니다. 대부분의 사람들은 이 '우선'을 못 해서 쩔쩔맵니다. 대체 왜 그럴까요? 그것 또한 '악마의 속삭임'이 머릿속에서 들려오기 때문입니다. '어차피 그런 짓 해봐야 쓸데없어', '그런 거 그냥 나중에 해보지, 뭐', '귀찮아' 그런 메시지가 들려온다면 주의해야 합니다.

특히 이 단계에서는 '혹시라도 해보았는데 내가 진짜 하고 싶은 일과 다르면 어쩌지' 하는 메시지를 많이 듣는 것 같습니다.

악마의 속삭임은 필요 이상으로 일을 과장하는 경향이 있는데, 여기서 제가 여러분께 제안하는 것은 그렇게 과장된 것은 아닙니다. 볼일을 보러 나갔다가 겸사겸사 서점에 들르거나 전화를 한번 걸어보는 등 정말 '사소한' 행동을 해보길 권합니다.

그 결과, 자신이 가고 싶은 길이 이 방향이 아니었다는 것을 알게 됐다면, 뒤로 돌아 다른 길로 가면 되지 않을까요? 적어도 내가 한 행동을 통해 '무엇이 하고 싶지 않은지'는 알았으니까요. 그것만으로도 정말 큰 수확입니다.

'어느 길로 갈까' 망설이면서 갈림길에 언제까지고 서 있기만 한다면 아무것도 시작되지 않습니다. 예를 들어, '어떤 학교에 다닐 것인가?'처럼 어느 정도 시간과 돈이 필요한 경우 역시 마찬가지입니다. 마음이 조금이라도 기우는 쪽이 있다면 우선은 그 방향을 향해 한 걸음 내디뎌보는 것입니다. 그렇게 했을 때 처음으로 알게 되는 것이 있습니다.

와세다 대학의 명예교수이자 심리학 대가이기도 한 가토 타이조 (加藤諦三) 선생님께서 하신 말씀이 생각납니다.

"잘못 끼운 단추는 풀면 된다."

그렇습니다. 그냥 풀면 됩니다. 그리고 선생님은 이런 말씀도 하셨습니다.

"혹시 그것 때문에 다른 사람보다 멀리 돌아가게 된다면, 그 사람보다 오래 살면 되지 않은가." 이 말은 '길을 잘못 들면 어떡하지' 하는 악마의 속삭임에 매우 좋은 처방전이 되지 않을까요!

고독이야말로 꿈을 죽인다

천직창조 세미나에서는 자신이 하고 싶은 일에 대해 이야기한 후, 공명을 통해 모인 주변의 정보와 조언을 토대로 마무리 단계에서 액션 플랜을 세우는 작업을 합니다.

액션은 아무리 사소한 일이라도 상관없으니 일주일 이내에 가능한 것이 좋다고 말씀드립니다. 앞에서 쓴 것처럼 '소개받은 사람을 만난다', '소개받은 장소에 간다', '추천받은 책을 읽는다'처럼 '우선' 할 수 있는 일을 쓰는 것입니다.

이 작업은 2명이 1조가 되어 파트너와 함께 생각합니다. 그리고 일주일 후, 마지막으로 파트너와 액션을 했는지의 여부와 해보니 어떠했는지를 서로에게 공유하도록 약속하게 합니다. 그러면 대부분의 참가자들은 '그렇게까지 해요?'라는 얼굴을 합니다.

왜 그렇게까지 하는지는 제2장에 쓴 '사람이 하고 싶은 일을 하지 않는 4가지 이유' 중 네 번째 이유인 '하고 싶은 일을 할 수 있도록 지원해주는 환경이 자리잡혀 있지 않다'는 것과 관련 있습니다(104페이지 참조). 세미나가 끝나고 집에 돌아가서 다시 일상생활로 돌아가면, 그곳에는 그 사람을 '현실'로 다시 이끄는 힘이 매우 크게 작용하고 있습니다.

'자신의 천직을 만든다? 무슨 꿈같은 소리야. 좀 더 현실을 보도록 해' 이 장의 첫 부분에서 말한 바와 같이 '어른'의 목소리도 들려올 것이고, 세미나 때는 얌전했던 자신 안의 '악마의 속삭임'도 동조하는 듯 다시 목소리를 키울 것입니다. 거기에 혼자 맞서는 것은 정신력이 매우 강하거나 굳은 의지의 사람이 아니고서는 좀처럼 쉽지 않은 일입니다.

그렇게까지 하는 데는 세미나를 함께한 파트너와 의식적으로 다시 주고받는 기회를 만듦으로써 서로 격려하자는 의도가 깔려 있습니다. 그리고 기회를 지속해서 가지는 것이 서로에게 도움이 된다면 그후에도 계속해서 일주일에 한 번 정도는 진행 상태를 주고받을 수 있도록 권유하고 있습니다.

최근에는 페이스북 그룹을 만들어 참가자 전원이 이 그룹 멤버가 됐고, 세미나 종료 후에도 계속해서 서로를 서포트하는 장소로 이용하는 시스템도 추가했습니다. 페이스북에서는 행동에 관한 결과를 서로에게 보고하는 것뿐만 아니라, 새로운 조언을 구하기도 하면서 세미나 후에도 여러 가지 공명이 일어나고 있습니다.

세미나 후 희망자에 한해 코칭을 제공하는 것 역시 기본적으로는 마찬가지 이유입니다.

미국의 저명한 커리어 카운슬러이자 저작가인 바바라 샤는 '고독이야말로 꿈을 죽인다'라고 말합니다. 그런 의미에서 마찬가지로 천직 창조를 지향하는 동료들이 서로를 서포트하는 시스템은 꿈을 꿈으로 끝나게 하지 않기 위한 필수 요소라고 할 수 있을 것입니다.

해봅시다 ⑧

해봅시다 ⑦에서 당신이 진심으로 하고 싶은 일을 누군가에게 이야기한 결과, 공명이 되어 당신에게 돌아온 정보를 토대로 우선할 수 있는 것을 먼저 해봅시다.

아무리 작은 일이라도 상관없습니다. 가능하다면 일주일 안에 할 수 있는 것을 무언가 한 가지 정해주세요.

실행한 후 어떤 일이 일어났는지, 무엇을 깨달았는지 의식을 집중해서 생각해봅시다.
또한 그것을 노트에 적어보세요.

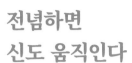

전념하면
신도 움직인다

아무리 작은 스텝이라도 좋으니, 무언가 행동으로 옮기는 것이 중요합니다. 행동으로 옮기는 일은 왜 중요할까요? 행동하지 않으면 아무것도 시작되지 않기 때문이기도 하지만, 사실 그뿐만은 아닙니다. 행동으로 옮긴다는 것은, 그만큼 초석인 순수 의욕에 '전념'했다는 것을 나타냅니다. '전념'한다는 것은 각오의 다짐, 즉 '결의를 굳힌 것'입니다. 그 사람이 전념함으로써 처음으로 그것을 지원하는 일이 갑사기 일어나기 시작하는 것이지요.

제가 좋아하는 문장 중 하나인 스코틀랜드의 탐험가 W.H. 머레이(William Hutchison Murray)가 남긴 글을 소개하겠습니다.

그 사람이 전념하는 과정에는 망설임이 있고, 다시 되돌릴 기회가 있고, 잘 풀리지 않는 일이 반드시 있다. 사람이 앞장서서 일으킨 많은 행동에는 어떤 기본적인 진리가 작용한다. 행동하지 않으면 셀 수 없을 정도의 많은 아이디어와 훌륭한 계획을 망쳐버린다는 진리다. 그리고 그 진리란, 완전히 전념하는 순간 신도 움직인다. 그리고 그런 생각을 하지 않았다면 일어날 수 없었던 많은 일이 일어나서 그 사람을 돕는다. 그 단 하나의 결단이, 그런 일이 일어날 거라고 믿을 수 없을 정도의 기세로 그 사람만을 위한 사건과 만남, 그리고 물질적인 공여까지 넘쳐나게 한다.

- 《The Scottish Himalayan Expedition》 중에서

머레이가 말한 바와 같이, 아무래도 이 우주에는 '사람이 전념했을 때는 믿기 힘든 사건이 일어나 사람의 앞길을 비춘다'는 법칙이 존재하는 것 같습니다. 과학 절대주의를 신봉해온 사람들에게는 믿기 힘들 수도 있지만, '끌어당김의 법칙'을 비롯해, 사실은 많은 사람들이 이러한 법칙의 존재에 대해서 다양한 형태로 접하고 있습니다.

제가 매우 좋아하는 책 중에 세계적으로도 롱 베스트셀러인 《연금술사》라는 소설이 있습니다. 브라질의 소설가 파울로 코엘료(Paulo Coelho)가 쓴 이 소설은, 어느 양치기 소년이 안정된 직업을 버리고 꿈속에서 본 보물을 찾아서 오랜 여행을 한다는 이야기입니다. 이 이야기의 바탕에는 '자신의 순수 의욕에 따라서 사는 것이 얼마나 중요한가' 하는 메시지가 담겨 있습니다. 그리고 어느 불가사의한 노인의 말을 빌려서 코엘료는 다음과 같이 말합니다.

"간절히 원하면 온 우주가 소망이 실현되도록 도와준다."

이 경우 그저 마음속으로 원하면 된다는 것이 아니라, 이 소설에 나오는 소년처럼 용기를 가지고 그때까지 있던 익숙한 토지를 떠나서 미지의 토지를 향해 여행을 떠난다는 행동이 필요하다는 것입니다.

무언가를 얻기 위해서는 무언가를 버리지 않으면 안 됩니다. 그것이 '전념'한다는 것입니다.

'기브 업'하자

착각하지 말아야 할 점은, 무조건 현재 일하는 회사를 그만두어야한다든가, 가족을 버리고 유랑을 떠나야 한다는 의미가 아닙니다. 여기에서 놓아야 할 것은 형태가 있는 것이 아니라, 지금까지 자신이 붙들고 늘어지던 사고방식과 편견입니다.

예를 들어 '어차피 잘되지 않을 게 틀림없어'라는 사고방식을 버리고, '우선 어떻게 될지 모르지만 한번 해보자'라고 생각을 바꿔보자는것입니다. 그것만으로도 충분히 전념으로 연결됩니다. 즉, 지금까지 익숙하고 친숙해 있던 사고방식에서 조금은 벗어나는 것이 중요합니다.

우리는 자신도 모르게 결과에 집착하게 됩니다. 많은 사람들이 '실패하면 어쩌지…'라고 생각합니다. 시험에서 몇 점을 맞았는지, 돈을 얼마나 모았는지, 회사에서 얼마나 출세했는지 하는 '결과'에서 항상 삶의 목적을 측정해왔던 우리가 그렇게 생각하는 것은 당연하지만, 과연 결과가 그렇게 중요할까요.

그것보다 어떤 일을 무엇을 위해 할 것인가 하는 '목적', 그것을 달성하기 위해 어떠한 행동을 하는 '프로세스' 쪽이 중요하다고 생각할 수는 없을까요?

애당초 우리가 불행한 원인은 결과에 너무나 집착해버리는 태도에 있습니다. 결과에 집착하면 우리 안에 있는 기대가 싹틉니다. '이랬으면 좋겠다' 또는 '이렇게 되어야만 해'라는 마음입니다.

하지만 이 기대는 걸핏하면 배신을 당합니다. 결과라는 것은 미래의 일이기도 하고, 타인의 영향을 받는 부분도 많이 포함되어 있어 본인이 컨트롤할 수 없는 경우가 대부분이기 때문입니다. 그야말로 '뚜껑을 열어보지 않으면 모르는' 것입니다. 이로 인해 많은 사람들은 '자기 생각대로 되지 않는다'라고 말하며 한탄하게 되는 것입니다. 그것은 지극히 낭연한 일입니다.

그러면 어떻게 해야 할까요? 바로 '기브 업'하는 것입니다. '기브 업'이란 일반적으로 '포기하다'라는 뜻이지만, 저는 이 단어를 조금 다르게 생각합니다. '기브 업(give up)'이라는 말을 자세히 살펴보면 '주다(give)'와 '위(up)'라는 2가지 단어로 되어 있습니다. 즉, 문자 그대로 해석하면 '기브 업'은 '위에 주다'라는 의미입니다.

그러면 여기에서 말하는 '위'는 무엇일까요? 저는 그것이 하늘이며, 신이며, 우주이며, 창조주라고 생각합니다. 따라서, 기브 업이란 '하늘에 맡긴다'라는 뜻이라고 생각합니다.

그저 단순히 포기하는 것이 아니라 '자신이 결과를 컨트롤하는 것을 포기하다'라는 뜻입니다. '할 수 있는 한 최선을 다하고 하늘의 뜻에 맡긴다'라는 의미로, 그야말로 이 '기브 업' 정신을 나타낸 말이라고 할 수 있지 않을까요?

신에게 받는
피드백

여기에서 '전념하면 신이 움직인다'는 것에 관한 저의 경험담을 하나 이야기하고자 합니다.

제3장에서 저는 코칭 공부를 계속하고 싶어서 CTI에게 장학금을 부탁하고, 아는 사장님에게는 돈을 빌려달라고 부탁했다가 그것이 모두 같은 날 이루어졌다고 했습니다. 이미 그 자체로도 '신이 움직였다'라고밖에 생각할 수 없는 사건이있지만, 이것에는 후일딤이 있습니다.

코칭 자격을 취득하기 위해서는 약 반년에 걸쳐 상급 코스 트레이닝을 받아야만 하는데, 돈을 지불하는 것뿐만 아니라 자신에게 비용을 지불해줄 코칭 고객이 최저 5명이 있어야 한다는 엄격한 조건이 있습니다. 일반적으로는 자격을 취득한 후 고객을 찾는 것이 순서라고 생각하지만, 어쨌든 코칭은 실천과 경험이 최우선인 세계이기 때문에 처음부터 고객이 없으면 상급 코스에도 들어가지 못하는 것입니다.

저에게는 굉장히 곤란한 일이었습니다. 자격도 아직 없고 언어도 충분히 통하지 않는 외국인인 저에게, 돈을 지불할 기특한 고객이 있을까요, 그것도 5명이나! 제가 이 조건을 들었을 때 처음 든 생각은 '나한테 이건 무리야'라는 것이었습니다.

하지만 이제 와서 후퇴할 수는 없다고 생각했기 때문에 필사적으로 고객이 되어줄 사람을 찾았습니다. 1명은 어찌어찌 제힘으로 찾을 수 있었지만, 나머지 4명은 도저히 찾을 수가 없었습니다. 마침내 상급 코스 신청 기간까지 며칠밖에 남지 않게 되었습니다.

그날 저는 한 세미나를 들었는데 그곳에서 마지막 수단을 써보기로 마음을 먹었습니다. 세미나가 끝난 후, 그곳에서 함께 수강한 사람들을 대상으로 저는 평생에 단 한 번뿐인 '부탁 연설'을 감행한 것입니다.

"저는 코칭의 상급 코스를 신청하고 싶습니다. 그러기 위해서는 며칠 이내로 4명의 정규 고객을 찾아야만 합니다. 여러분 자신, 또는 여러분의 주위에 돈을 지불하고 제 코칭을 받아도 좋다는 사람이 계시면, 꼭 소개해주십시오."

그 자리에서는 이렇다 할 반응이 없었습니다. '역시 안 되는 일이었어'라며 조금씩 포기하려던 다음 날, 함께 세미나를 들었던 한 여성에게서 전화가 왔습니다.

"축하해요!"

그 여성은 제가 전화를 받자마자 가장 먼저 이렇게 말했습니다. 저는 무슨 일인지 몰라서 "네?"라고 반문했는데 "당신, 상급 코스에 신청할 수 있게 됐어요"라고 말하는 것이 아니겠습니까! 이야기를 자세히 들어보니, 그녀가 친절하게도 친구와 지인들에게 모두 물어봐주셔서 남은 4명을 혼자서, 그것도 단 하루 만에 찾아준 것입니다. 이때 저는 이 여성에게서 '신'을 보았습니다.

그렇게 저는 무사히 코칭 상급 코스에 진학할 수 있게 되었습니다. 그리고 생각했습니다. '나는 이 길을 가야만 하는 운명이다'라고요. 제가 다니던 대학원에서 교편을 잡고 계시는 존경하는 선생님 중 한 분인 하워드 섹터 교수님께서는 어느 날 저한테 이렇게 말했습니다.

"자네가 어떤 길에 용기를 가지고 발을 내디뎠을 때, 혹시 그것을 할 수 있도록 믿을 수 없는 사건이 일어난다면 그 길이 너에게 옳은 길이라는 신의 피드백이야."

선생님의 그 말씀은 제가 무심코 경험을 통해 느끼고 있던 것을 정말 잘 표현했다는 생각이 들었습니다.

어쨌든 자신의 순수 의욕에 따라서 행동을 하기는 했지만, 그것이 정말로 옳은지에 대한 불안은 저에게도 있었습니다. 하지만 이러한 일이 계속 생기면서, 제 선택이나 행동에 대해 신이 "그렇지! 그대로 가는 거야!"라고 응원해주고 계시다고 생각하게 되었습니다.

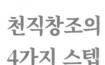

천직창조의
4가지 스텝

저는 혹시 여러분이 "이것이 나의 천직이다"라고 할 수 있을 만한 일을 찾고 싶다면, 먼저 여러분이 지금까지 무의식중에 가지고 있었을지도 모르는 물질의 시대의 일에 대한 가치관에서 자신을 해방시키고, 정신의 시대에 맞는 일에 대한 가치관으로 새롭게 옮길 필요가 있다고 이 책을 통해 줄곧 제안해왔습니다.

그리고 변화가 필요한 일에 대한 가치관은 4가지가 있다고 말했습니다. 제가 '4가지 안경'이라고 부르는 이 일에 대한 가치관을 표 5로 정리해봤습니다.

표 5 천직창조의 4가지 안경

물질의 시대	정신의 시대
생계를 유지하기 위한 수단	자기 삶의 목적을 탐색하고 표현하는 것
일은 해야 하니까 한다	하고 싶은 일을 한다
자신을 맞춘다	자신에게 맞춘다
동시에 하나밖에 가질 수 없다	동시에 여러 개 가질 수 있다

그리고 정신의 시대의 4가지 안경에 따라 실제로 천직을 창조하기 위해서는, 4개의 스텝을 밟을 필요가 있지는 않을까 제안했습니다.

먼저 마음의 소리에 귀를 기울이고 자신의 '순수 의욕'을 깨닫는 것이 [스텝 1]입니다. [스텝 2]는 그 순수 의욕을 말로 표현한다. 그것을 다른 사람에게 말한다는 것입니다. 그리고 [스텝 3]에서는 거기에서 일어나는 '공명'에 주의를 기울여서 그것을 판별하고, 마지막 [스텝 4]는, 그 공명을 지침 삼아 구체적인 행동으로 옮긴다는 흐름입니다.

표 6 천직창조의 4가지 스텝

[스텝 1] 자신의 순수 의욕에 귀 기울이기
[스텝 2] 발견한 순수 의욕을 다른 사람들에게 이야기하기
[스텝 3] 그때 발생하는 공명을 알아차리기
[스텝 4] 그 공명을 기반으로 실행하기

'여는 철학'의 실천이
천직으로 가는 길

저는 이 4가지 스텝을 '여는 철학'이라고 부르기도 합니다. 각 스텝에서 '자신을 여는 일'이 필요하기 때문입니다.

[스텝 1]에서는 우선 '귀'를 열고 자신의 마음속에서 솟아오르는 메시지를 들을 필요가 있습니다. [스텝 2]에서는 입을 열어 자신의 본심과 진심을 다른 사람에게 이야기할 필요가 있습니다. [스텝 3]에서는 '눈'을 열고 자신의 진심에 대해 세상이 어떤 반응을 보이는지 확인할 필요가 있습니다. 그리고 마지막으로 [스텝 4]에서는 '발'을 열어 결과를 두려워하지 말고 행동으로 옮길 필요가 있습니다.

또한 이 4가지 스텝을 통해 '마음'을 여는 것이 중요합니다. 순수 의욕을 깨닫기 위해서는 '자신'에 대한 마음을 열어야만 하며, 그것을 말로 표현하기 위해서는 '타인'에 대해 마음을 열어야만 합니다. 나아가 공명을 확인하기 위해서는 '세상'에 대해 마음을 열어야만 하고, 공명을 기반으로 행동으로 옮기기 위해서는 그로 인해 생기는 결과, 즉 '미래'에 대한 마음을 열어야만 합니다.

하지만 최종적으로는 자신의 마음이 '신'에 대해 얼마나 열려 있는가 하는 것이 될지도 모릅니다. 이 책에서 저는 여러 차례 '신'이나 '하늘'이라는 단어를 사용해왔습니다. 특정 종교를 믿는 것도 아닌 제가 이런 단어를 이렇게나 사용하는 것은, 사람의 지혜를 초월한 커다란 존재를 전제로 할 것인가의 여부에 따라 자신을 여는 방식이 크게 달라지기 때문입니다.

제가 이것을 '철학'이라고 부르는 이유는, 그야말로 이것이 입증 가능한 진리를 근거로 하는 과학이 아닌, 하나의 사상이기 때문입니다. 그렇기 때문에 이 사상을 몸에 익히고 실천하기 위해서는 나름의 수행이 필요합니다. 물론 저 자신도 아직 충분히 그것을 실천하고 있는지 확신할 수 없습니다. 그러나 매일 살아가면서 최선을 다해 철학을 실천히려고 주의를 기울인 결과, 현재 저의 천지으로 맺어졌다는 것만은 자신 있게 말할 수 있습니다.

천직은 진화한다

　말할 필요도 없지만, 천직창조의 4가지 스텝은 절대 한 번에 끝나지 않습니다. 반복하고 반복해서 밟아나가야만 하는 스텝입니다. 하나의 순수 의욕을 깨닫고 4가지 스텝을 밟아서 마지막 행동까지 가면, 거기에서 얻어지는 결과, 이른바 신에게 받는 피드백을 받고 다시 [스텝 1]로 돌아와 자신의 마음의 소리에 귀를 기울입니다.

　마음을 열고 사이클에 충실하게 따라가다 보면, 어느 날 자신이 상당히 먼 길을 걸어왔다는 것을 깨닫는 순간이 반드시 올 것입니다. 여기서 주의해야 할 점은, 여러분이 '나는 천직을 창조했다'라고 단언할 수 있는 날은 절대 오지 않는다는 것입니다. 이렇게 말하면 '뭐야, 그럼 지금까지 읽은 건 도대체 무슨 이야기였던 거야?'라고 생각할 수도 있습니다. 하지만 걱정하지 마세요. 아마도 제가 여기에서 말하고

자 하는 것은 여러분이 상상하는 것과는 다릅니다.

'창조'라는 것은 프로세스입니다. 결과가 아닙니다. 즉, 그것은 항상 이어지는 것이지, 종착지가 있는 것이 아닙니다. 스고로쿠(すごろく, 주사위를 던져 나온 숫자만큼 앞으로 나아가고 종착지에 먼저 도착하는 사람이 이기는 일종의 주사위 게임)를 예로 든다면 '종착지'는 없는 것입니다.

따라서 문제는 천직을 창조할 수 있는지의 여부가 아닌, '바로 지금, 당신이 천직을 창조하고 있는가' 하는 것입니다. 그리고 '천직을 창조하고 있다'가 무엇을 뜻하는지 살펴보면, '정신의 시대의 4가지 안경을 의식하면서 4가지 스텝에 따라서 매일을 살고 있는가' 하는 것입니다.

설령 지금 당신이 하는 일이 당신에게 천직이라 생각하더라도, 그것으로 천직창조 프로세스가 끝난 것은 아닙니다. 순수 의욕은 시대의 흐름에 따라 변하고, 그것에 따라 삶의 목적도 진화합니다.

혹시 여러분의 순수 의욕과 삶의 복적이 점점 진화해나간다면, 얼매 맺은 천직도 자연스럽게 진화해나갈 것입니다. 여러분이 형태인 일, 이른바 직업에 집착하는 시점에서 여러분의 천직창조 프로세스는 멈춰버릴 것입니다. 물론, 그 집착을 깨달아서 그것을 놓고 다시 4가지 안경과 4가지 스텝으로 돌아가기만 한다면, 다시 진화 프로세스는 움직이기 시작합니다.

이처럼, 제가 생각하는 천직은 '정태적(靜態的)'인 것이 아닙니다. 진화하는 '동태적(動態的)'인 것입니다. 이건 '명사'가 아닌 '동사'입니다. 그러니 지금 단계에서 여러분이 아직 천직을 찾아내지 못했다고 해서 걱정할 필요는 없습니다. 4가지 안경과 4가지 스텝에 따라서 조금씩 자신의 순수 의욕과 삶의 목적에 대해서 깨달음을 탐색해나가면 됩니다.

천직창조는 여러분의 손이 닿지 않는 먼 곳에 있는 것이 아닙니다. 오늘, 지금, 이 순간에도 여러분의 선택에 따라 천직창조 프로세스는 시작될 수 있습니다.

자, 당신도 자신의 '진정한 일'을 찾기 위한 여행을 떠나보지 않으시겠어요?

Summary
제4장 정리

▶ 지금의 현실은 과거에는 이상일 뿐이었다. 오늘의 꿈과 이상을 억누르지 않는 것이 내일의 현실을 만드는 것이다.

▶ 꿈과 이상을 향해 한 걸음을 내디디려고 할 때 머릿속에 들리는 부정적 메시지를 '악마의 속삭임'으로 객체화하면 두려움을 멀리할 수 있다.

▶ 악마의 속삭임에 현혹되지 않는 최고의 방법은 자신의 순수 의욕을 다른 사람에게 최대한 이야기하는 것이다.

▶ 누군가 자신의 순수 의욕을 이야기하면 '공명(共鳴)'이 일어난다. 마치 자석의 힘이 작용하듯이 그 욕구를 지원하는 정보와 아이디어가 모여든다.

▶ 행동으로 옮길 때는 아무 생각 없이 움직이지 말고, 공명으로 모여든 정보를 지침으로 삼아 가능한 것부터 시작해보자.

▶ 악마의 속삭임을 이기는 또 다른 방법은 천직을 창조하려는 동료를 찾는 것이다.

▶ 일단 행동으로 옮겨서 자신의 순수 의욕에 전념하면 그 욕구를 밀어주는 듯한 사건이 일어난다.

▶ 어쨌든 결과를 만들어내려는 마음을 내려놓고 그때그때 자신이 할 수 있는 일을 하자.

▶ 천직창조의 4가지 단계별 행동

  (1) 자신의 순수 의욕을 깨닫는다.

  (2) 자신의 순수 의욕을 다른 사람에게 이야기한다.

  (3) 여기서 일어나는 공명을 확인한다

  (4) 그 공명을 지침 삼아 행동으로 옮긴다.

  (5) 앞의 4가지 행동을 반복하는 동안 천직은 진화한다.

▶ 천직창조는 어딘가 먼 곳에 있지 않다. 지금, 이 순간 바로 시작할 수 있다.

천직창조 이야기 ④

....

시무라 키요에 씨 - '버스 테라피스트(Birth Therapist)'

시무라 키요에(52세) 씨는 시각 장애를 가진 사람들에게 안내를 받아 청각·후각·미각·촉각에만 의존하는 프로그램을 운영 중인 '어둠 속의 대화(Dialogue in the dark)'라는 단체의 이사로 일하면서, '버스 테라피스트'로서 산전과 산후의 괴로움으로 힘들어하는 엄마들의 카운슬링과 말기 암 환자들의 터미널 케어 등을 하고 있다.

시무라 씨는 태어날 때부터 몸이 약했던 탓에 고등학교 시절까지 학교와 병원 그리고 집만 왕래하는 생활을 계속한다. 그러던 중, 중학교 2학년 때 시무라 씨에게 강렬한 질문을 던지게 되는 계기가 생긴다. 그때 당시 입원했던 병원에서 병실 앞 벤치에 면회 시간이 지나서까지도 심각한 얼굴로 앉아 있는 사람들을 보게 된 것부터 이야기가 시작된다.

나중에 알았지만, 그 사람들의 아이는 어떤 무거운 병에 걸려서 목숨이 위험한 상황이었지만, 부모가 끼어들어 처치의 방해가 되면 안 된다는 이유로 병실에 들어가지도 못하고 벤치에서 그저 기다릴 수밖에 없었다고 했다.

하지만 그 부모님이 드디어 병실에 들어갔을 때 아이는 이미 사망한 상태였고 차갑게 식어버린 아이에게 매달려 울고 있었다고 한다. 그때 시무라 씨는 자식의 마지막조차 지켜볼 수 없는 현대 의학에 대해 의문을 가지게 되었고, 그와 동시에 '도대체 생명이란 누구의 것일까'라는 원론적인 생각을 하게 되었다고 한다.

고등학생 시절, 아버지의 지인이었던 방사선과 선생님의 부탁으로 자신이 다니던 병원에서 우연히 아르바이트를 하다가 또다시 현대 의학의 모순과 맞닥뜨린다. 머릿속에 암이 자라고 있던 2세 정도 아이의 방사선 치료 여부를 놓고 의료인들끼리 논의를 하게 된 것이다. 설령 방사선 치료를 한다 해도 연명만 가능하고, 들을 수 없게 되거나 볼 수 없게 될 수 있다는 것을 우려한 방사선과 선생님은 '하고 싶지 않다'고 말했고, 소아과 선생님은 그렇다 해도 연명을 원했다.

결국, 방사선 치료를 받은 아이는 앞을 볼 수 없게 되었고 귀도 안 들리게 되어 패닉을 일으킨다. 시무라 씨는 '이 아이의 생명은 이 아이의 것인데, 앞으로 어떻게 하면 좋을까'라는 생각을 하게 되었다고 한다.

20세의 나이에 일찍 결혼한 시무라 씨에게 또다시 시련이 닥쳐왔다. 결혼하고 바로 태어난 아들이 생후 2주 만에 천식에 걸린 것이다. 아이는 모유도 먹지 못했고, 매정한 간호사의 "엄마가 어려서 애가 병에 걸린 거예요"라는 말에 '내가 잘 보살피지 않아서 아이가 힘들어한다'라며 자신을 책망하는 매일이 계속된다.

아이가 2살이 되던 어느 날, 병원 침대 위에서 링거를 맞던 아이가 갑자기 웃기 시작했다. "빗방울 같아!" 링거액이 관에 떨어지는 것을 보면서 재미있다는 듯 말하는 아이를 보며 시무라 씨는 가슴 한쪽이 시큰해졌다. 조금 전까지만 해도 많이 힘들어 보였는데···. 계속 병만 생각하다가는 분명 아이가 찾아내는 밝은 마음을 알아차리지 못하고 넘기겠구나. 시무라 씨는 아이의 웃는 얼굴이 계기가 되어 '슬픔에 젖어 있지만 말고 나도 무언가 해보자'라고 생각하기 시작한다.

학생 시절부터 심리학에 흥미가 있었던 시무라 씨는, 먼저 미국에서 책을 구해 자료를 읽는 등 테라피스트 독학을 시작한다. 또한 신체 시스템을 이해하기 위해서 도수치료 전문학교에 다니고 도수치료사 자격을 취득한다. 아이의 병은 다행히도 그가 성장함에 따라 좋아져서 병원에 갈 일도 없어졌다.

하지만 '이제 나았으니까 우리한테는 상관없어'라고 생각할 수는 없었다고 한다. "아이가 입원해 있을 때, 병원에서 힘들어하는 아이들과 저처럼 슬픔에 빠져 눈물 흘리는 엄마들의 모습을 많이 봐왔어요. 그런 사람들을 생각하면 이번에는 제가 치유하는 측에 서서 그들의 도움이 되고 싶다고 생각하게 되었지요."

28세 때, 약사였던 전 남편과 '치유의 숲'이라는 이름의 치료원 겸 한방약국을 개설한다. 치유의 숲에서는 주로 산전과 산후의 괴로움으로 힘들어하는 엄마들과 말기 암을 앓는 환자들에게 시무라 씨가 독자적으로 개발한 치료를 제공하는 것뿐만 아니라, 사람에 따라서 정체(整体)와 허브, 한방약 등을 사용한 치료도 했다.

치료와 정체로 인한 토털 케어라는 흔하지 않은 서비스가 점점 입소문이 나면서 사람들이 계속해서 찾게 된다. 시무라 씨는 말한다.

"태어나는 것과 죽는 것. 이 인생의 2대 이벤트를 환자와 함께 보냄으로써, 어린 시절부터 가지고 있었던 생명에 대한 의문을 같이 생각하고 싶었는지도 모르겠어요."

이런 활동을 통해 생명을 어떻게 서포트하면 좋을까 하는 질문에 대해서도 나름 답을 찾게 된다. 암에 걸린 중증 환자들은 '나처럼 가망 없는 사람에게는 더 이상 할 것이 없다'라고 생각해버리기도 한다. 실제로 현대 의학에서는 그 환자가 나을 수 없다는 것을 알게 되면 제대로 된 마음의 케어를 하지 않고 놓아버리는 병원도 많다.

시무라 씨는 '병이 낫거나 혹은 설령 낫지 않더라도, 당신이 자신인 것에는 변함이 없어요'라는 마음으로, 계속 옆에 있기 위해 마음을 썼다. 그런 시무라 씨의 자세를 옆에서 느끼면서 잊고 있던 자신을 되찾고, 개중에는 병에서 극적으로 회복하는 사람도 있었다. 가령 회복되지 않는다고 해도, 모두들 가족이나 소중한 사람과 더욱 깊은 관계를 맺고 감사하는 마음을 안고 떠나갔다.

이렇게 죽음을 맞이하는 사람들은 "사람들을 더 사랑했으면 좋았을 것을…. 다른 사람과 나를 비교하거나 싫어하지 말고, 더 신뢰하고, 더 도왔으면 좋았을 것을…"이라고 공통적으로 말한다고 한다. 그런 말을 몇 번이나 반복해 들으면서 시무라 씨는 '그렇게나 중요한 일이라면 죽기 직전이 아닌, 더 건강했을 때 깨닫는 편이 좋을 텐데…' 하는 생각을 하게 된다.

그 생각은 이내 배경이 되어 활동의 중심을 치료에서 '어둠 속의 대화'로 이동하게 된다.

시무라 씨가 처음으로 '어둠 속의 대화'를 알게 된 것은 치유의 숲의 환자였던 지금의 남편이 보여준 <닛케이> 신문의 박스 기사였다. 그 기사에는 독일의 하이네케 박사(Dr.Andreas Heinecke)가 1988년에 시작한 '어둠 속의 대화'는, 암흑을 이용해 인생에서 가장 소중한 것은 무엇인가 하는 것을 깨닫게 하는 좀 특이한 수법으로, 지금은 전 세계에 퍼져나가고 있다고 쓰여 있었다.

그 후, '어둠 속의 대화'를 설립한 남편의 도움 요청에 응원하는 마음을 담아 부분적으로 관여하게 된다.

처음 이벤트에 참가한 사람들 대다수가 암흑 속에서 울며 나와 "사람이란 참 따뜻하군요. 서로 돕는 건 정말 좋은 일이에요"라 말하는 것을 듣고는, 3~4회의 카운슬링과 치료를 통해 깨닫는 것을 단 90분 만에 깨닫고, 하물며 건강을 잃지 않고도 그것을 깨달을 수 있다는 사실에 놀란다. '앞을 못 보는 사람'이라는 이름표를 달고 주눅이 들어 있는 시각 장애인들이 그 일을 통해 자신을 되찾고 기뻐하며 일하는 모습에도 마음이 움직였다.

시무라 씨는 궤도에 오른 치료 일로 돌아오려고 생각했지만, '어둠 속의 대화'의 일을 하면 할수록 더욱 그 매력에 빠져들었다. 다른 나라에서는 받을 수 있는 행정과 민간의 서포트를 받을 수 없었지만, 시각 장애인들을 계속 고용하기 위해 기간 한정 이벤트가 아닌 상설 전시를 결정하면서 더욱 이 일에 힘을 쏟을 수밖에 없는 상황이 되었다.

그러던 때에 안타깝게도 남편이 사고로 사망하고, 치유의 숲이 폐원으로 내몰리면서 이른바 '퇴로가 막힌' 격이 되어버린다. 그런 힘든 상황 속에서도 시무라 씨의 마음을 지탱해준 것은 '사람들이 서로 신뢰하고 돕는 소중함과 훌륭함에 대해 사람들이 건강할 때 전해주길 바란다'는 말기암 환자들의 부탁이었다.

앞을 보지 못하는 사람들이 눈에 보이지 않는 가치를 만들어내는 '어둠 속의 대화'. 험한 길은 앞으로도 계속되겠지만, 한 명이라도 많은 사람들이 '당신이 당신 자신으로 있을 수 있다'는 것을 되찾을 수 있도록 시무라 씨는 오늘도 아오야마(青山)에 있는 회장(会場)으로 향한다.

마치면서

사실 이 책의 원고를 제가 처음으로 쓰기 시작한 것은 약 15년 전입니다. 당시 천직창조 세미나를 한 달에 1번 정도 개최하고, 참가자 중 계속적인 서포트를 희망하시는 분에 코칭을 제공하는 일을 개인 사업으로 조금씩 하고 있었습니다.

하지만 이 원고를 다 쓰기 전에 생각지도 못한 곳에서 코칭 책을 써달라는 이야기가 들어왔고, 1999년 여름,《마법의 코칭》이라는 책을 PHP 연구소에서 출판했습니다.

책은 예상외로 잘 팔렸고, 저 혼자서는 도저히 감당할 수 없을 상황이 되어서 2000년에 CTI 재팬이라는 회사를 설립해 본격적으로 코칭 프로그램을 제공하는 사업을 시작했습니다. 회사 경영은 처음이었기 때문에 이도 저도 할 수 없게 되어 천직창조 세미나 개최도, 그것에 관해 책을 쓰는 것도 잠시 미루게 된 것입니다.

그 후에도 여러 가지 일이 있었지만, 2004년 CTI 재팬의 경영에서 손을 떼고 다시 천직창조에 관해 책을 쓸 기회가 찾아왔습니다. 하지만 이번에는 지속 가능한 삶에 대해서 배우기 위해 영국으로 이주하게 되면서 출판을 단념해야만 했습니다.

즉, 이 책은 3번의 시도 끝에 드디어 세상에 나오게 된 것입니다. 덕분에 처음 원고를 쓰기 시작했을 때보다 내용에 대한 확신이 제 안에서 더욱 깊어졌습니다. 천직창조 세미나를 쉬고 있을 때도 천직창조 이야기를 계속 만들었고, 그 결과 CTI 재팬 사업을 통해 코칭이 일본에 퍼지는 것에 공헌했고, 나아가 영국 거주 중에 알게 된 '트랜지션 타운' 및 '체인지 더 드림'이라는 세계적인 시민운동을 일본에 소개할 수 있었습니다. 이처럼 저의 천직은 지금도 계속 진화하고 있습니다.

2012년에는 지금까지 해왔던 모든 활동을 통합해서, 제 나름의 형태로 표현하기 위한 '잘사는 연구소'를 설립했고, 동시에 오랫동안 미뤄두었던 천직창조 세미나를 다시 버전 업해서 재개하게 되었습니다.

세미나에 참가하는 많은 분들은 변함없이 물질의 시대의 일에 대한 가치관에 사로잡혀 자신과 일과의 관계로 괴로워하고 있었습니다. 아니, 이전보다 더욱 정신의 시대로의 이동이 진행된 만큼, 그 괴로움은 더욱 깊어진 느낌이었습니다.

그래서 결국 15년 전에 쓰기 시작한 원고를 완성시키고, 이야기를 널리 세상에 알려서 평가받기로 다짐한 것입니다. 예전에 《마법의 코칭》으로 인연을 맺은, 현재는 프리랜서로 활동하시는 사카타 히로시(板田博史) 씨가 편집을 맡아주시고, 사카타 씨와의 연이 있던 일본 능률협회 매니지먼트센터의 네모토 히로미(根本浩美) 씨가 이 책에 담긴 메시지에 공감해주신 덕분에, 15년을 뛰어넘은 출판이 정식으로 이루어졌습니다. 두 분께는 너무나 감사한 마음뿐입니다.

그리고 이 책은 지금까지 음으로 양으로 저를 지원해준 가족과 이 이야기의 탄생에 관여해주신 모든 분들, 더불어 지금까지 천직창조 세미나에 참가해주신 모든 분들, 이번 집필에 있어 취재에 협력해주신 모든 분들의 존재 없이는 절대 실현될 수 없었을 것입니다. 이 자리를 빌려 진심으로 감사의 인사를 드리고 싶습니다.

- 에노모토 히데타케

자신에게 거짓되지 않은 삶의 방식·일하는 방식

진정한 나의 일을 찾아서

제1판 1쇄 2022년 4월 5일

지은이 에노모토 히데타케(榎本英剛)

옮긴이 정영희

감수자 이태성

펴낸이 서정희   **펴낸곳** 매경출판(주)

기획제작 ㈜두드림미디어

책임편집 최윤경   **디자인** 얼앤똘비악earl_tolbiac@naver.com

마케팅 강윤현, 이진희, 장하라

매경출판㈜

등록 2003년 4월 24일(No. 2-3759)

주소 (04557) 서울시 중구 충무로 2(필동1가) 매일경제 별관 2층 매경출판㈜

홈페이지 www.mkbook.co.kr

전화 02)333-3577

이메일 dodreamedia@naver.com(원고 투고 및 출판 관련 문의)

인쇄·제본 ㈜M-print 031)8071-0961

ISBN 979-11-6484-362-6 (03320)

책 내용에 관한 궁금증은 표지 앞날개에 있는 저자의 이메일이나
저자의 각종 SNS 연락처로 문의해주시길 바랍니다.